Bogdan Patrut

Jeux et autres applications en Delphi

.

Bogdan Patrut

Jeux et autres applications en Delphi

Jeux d'adresse, de perspicacité et de logique, test à choix multiple et représentation graphique des surfaces

Éditions universitaires européennes

Mentions légales/ Imprint (applicable pour l'Allemagne seulement/ only for Germany)

Information bibliographique publiée par la Deutsche Nationalbibliothek: La Deutsche Nationalbibliothek inscrit cette publication à la Deutsche Nationalbibliografie; des données bibliographiques détaillées sont disponibles sur internet à l'adresse http://dnb.d-nb.de.

Toutes marques et noms de produits mentionnés dans ce livre demeurent sous la protection des marques, des marques déposées et des brevets, et sont des marques ou des marques déposées de leurs détenteurs respectifs. L'utilisation des marques, noms de produits, noms communs, noms commerciaux, descriptions de produits, etc, même sans qu'ils soient mentionnés de façon particulière dans ce livre ne signifie en aucune façon que ces noms peuvent être utilisés sans restriction à l'égard de la législation pour la protection des marques et des marques déposées et pourraient donc être utilisés par quiconque.

Photo de la couverture: www.ingimage.com

Editeur: Éditions universitaires européennes est une marque déposée de Südwestdeutscher Verlag für Hochschulschriften GmbH & Co. KG
Dudweiler Landstr. 99, 66123 Sarrebruck, Allemagne
Téléphone +49 681 37 20 271-1, Fax +49 681 37 20 271-0
Email: info@editions-ue.com

Produit en Allemagne:
Schaltungsdienst Lange o.H.G., Berlin
Books on Demand GmbH, Norderstedt
Reha GmbH, Saarbrücken
Amazon Distribution GmbH, Leipzig
ISBN: 978-613-1-55580-0

Imprint (only for USA, GB)

Bibliographic information published by the Deutsche Nationalbibliothek: The Deutsche Nationalbibliothek lists this publication in the Deutsche Nationalbibliografie; detailed bibliographic data are available in the Internet at http://dnb.d-nb.de.

Any brand names and product names mentioned in this book are subject to trademark, brand or patent protection and are trademarks or registered trademarks of their respective holders. The use of brand names, product names, common names, trade names, product descriptions etc. even without a particular marking in this works is in no way to be construed to mean that such names may be regarded as unrestricted in respect of trademark and brand protection legislation and could thus be used by anyone.

Cover image: www.ingimage.com

Publisher: Éditions universitaires européennes is an imprint of the publishing house Südwestdeutscher Verlag für Hochschulschriften GmbH & Co. KG
Dudweiler Landstr. 99, 66123 Saarbrücken, Germany
Phone +49 681 37 20 271-1, Fax +49 681 37 20 271-0
Email: info@editions-ue.com

Printed in the U.S.A.
Printed in the U.K. by (see last page)
ISBN: 978-613-1-55580-0

TABLE DES MATIERES

Traduction :
Georgeta Marinescu,
Collège National Vasile Alecsandri, Bacau, Roumanie

Référent scientifique :
Cosmin Tomozei,
Université Vasile Alecsandri, Bacau, Roumanie

INTRODUCTION

Ce livre est une collection d'applications dans l'environnement de programmation visuelle Delphi, développé et commercialisé par la société Inprise (Borland).

Bien que nous avons utilisé la version 4.0 de ce produit, on peut écrire facilement les programmes présentés dans cet ouvrage utilisant d'autres versions de Delphi (plus anciennes ou plus récentes).

L'environnement de programmation Delphi permet la réalisation de programmes à fonctionner en Windows, avec des interfaces de type Windows, basés sur le langage de programmation Object Pascal. L'interface de l'application est facilement mise en œuvre en Delphi, mais la conception du code comporte plus de difficultés de la part du programmeur, car cela implique la conception et la mise en œuvre, en langage Object Pascal, des algorithmes efficaces pour les problèmes en cause.

Par conséquent, ce livre s'adresse aux spécialistes ayant des connaissances avancées de la programmation orientée objet et visuelle en Delphi. Cependant, le livre peut être utilisé également, avec succès, par les novices, s'ils ont connaissances d'autres langages de programmation visuelle (Basic, C++). Ils vont apprendre la programmation en Delphi en s'appuyant sur des exemples comme ceux de ce livre.

Les applications faisant partie du présent ouvrage traitent essentiellement de la question de jeux d'adresse, de perspicacité et de logique, un chapitre traitant des tests à l'échelle et un autre s'occupant de la représentation graphique des surfaces.

Les lecteurs qui souhaitent les sources Delphi des programmes présentés dans ce livre sont invités à écrire un courriel à : bogdan@edusoft.ro.

Nous sommes persuadé que toute personne qui va étudier attentivement les applications présentées dans ce livre fera de la programmation Delphi une passion.

L'auteur

Application 1
Les champignons – un jeu d'adresse et de perspicacité

1.1. Présentation générale

Nous nous proposons de réaliser un jeu d'adresse et de perspicacité classique, que nous avons appelé « Les champignons » et dans lequel, en manœuvrant un petit bonhomme (personnage ou caractère) dans un labyrinthe de murs et d'escaliers, nous devons cueillir avec lui des champignons emplacés dans de différentes positions de ce labyrinthe. Nous devons aussi éviter les ennemis, qui au cas de ce jeu, sont des pieuvres. Naturellement, bien que le scénario semble impossible (des champignons, des pieuvres, des petits bonhommes, des murs et des escaliers), nous devons penser que tout n'est qu'un jeu !

Voici comment notre jeu montrera pendant l'exécution du programme :

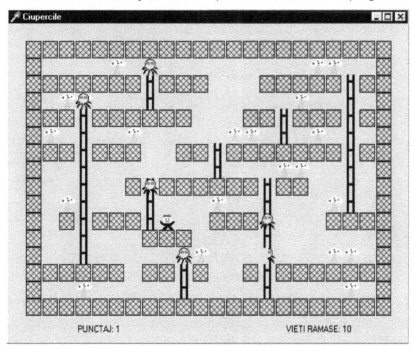

Ce que vous observez dans l'image ci-dessus est un moment du temps du déroulement du jeu basé sur le cas d'un labyrinthe donné (à voir LAB 3, LBR). En fait, nous créerons, séparément, avec un éditeur de texte simple (par exemple *Notepad*) plusieurs fichiers avec des labyrinthes, comme ceux ci-dessous :

LAB1.LBR	LAB2.LBR
| ```
@@@@@@@@@@@@@@@@@@@@@@@@@
@                       @
@   &        **      *   @
@@@@@@@#@@@@@@@   @@#@@
@       #              #  @
@    & #               #  @
@@@@@@@@@@@@@@@@@#@@@@@@
@                  #      @
@*           $     #      @
@@@#@@@@@@@@@@@@@@@@@@@
@   #           *         @
@   #      @@@@@#@@        @
@   #  *           #      @
@ @#@@@@          #       @
@   #    &        #   &   @
@@@@@@@@@@@@@@@@@@@@@@@
``` | ```
@@@@@@@@@@@@@@@@@@@@@@@@@
@  *    &          *     @
@@@@@@@#@@@@@@@@@@@@#@@
@ * *   #          *    # @
@@@#@@@@@@      @@#@@@@@@
@  #                #     @
@@@#@@      @@@@@@@@@@#@@
@  #       $  *   *   # @
@  #@@@#@@@@@@#@@   #  @
@  # * #          #   # @
@ @#@@@# *  @@@#    @@@@
@  #    @@@     #       @
@  &#           #   ** @
@@@@@@#@@@@    @@@@@@@@@
@  *  &#        &     * @
@@@@@@@@@@@@@@@@@@@@@@@
``` |
| LAB3.LBR | LAB4.LBR |
| ```
@@@@@@@@@@@@@@@@@@@@@@@@@
@     *              ** @
@@@@@@@#@@@    @@@@@#@@
@ **  &  #          *  # @
@@@#@@@@@@    @@#@@@@#@@
@* #   *       ** # * # @
@@@#@@@    @@#@@@@@@@#@@
@   #       #  &  **  # @
@   #   @#@@@@@@#@@   # @
@ *#   $#    *  &#   *# @
@ @#@@@@# *  @@@#    @@@@
@   #    @@@      #      @
@ &#         *   # & ** @
@@@@@@  @@#@   @#@@@@@@@@
@  *  &  #      #  & *  @
@@@@@@@@@@@@@@@@@@@@@@@
``` | ```
@@@@@@@@@@@@@@@@@@@@@@@@@
@                        @
@   **&        *      *  @
@@@@@@@#@@@@@@@    @@#@@
@   *  #      **   &  # @
@@@@#@@@@@   @@@#@#@@@@
@   *#                # # @
@@@@@#@        @@@@# #   @
@* #      $      ## *  @
@@@#@@@@@@@@@@#@@#@@@@
@  #   *       *#   #    @
@  #@@@@    @@@@#@@#    @
@  # &  *       *#   #   @
@ @#@@@@        @#@@@    @
@  # **   &      #   *   @
@@@@@@@@@@@@@@@@@@@@@@@
``` |

Ces fichiers texte contiennent, sous une forme codifiée, toutes les informations nécessaires à la représentation aussi du labyrinthe où se déroule l'action du jeu courant, que des positions des champignons, les positions initiales des pieuvres et du petit bonhomme.

Nous avons dit « initiales », parce que, une fois passé le temps, les pieuvres auront des mouvements aléatoires à travérs le labyrinthe, nous irons sur les différents niveaux et nous passerons d'un niveau à l'autre en utilisant les escaliers. Leurs mouvements ne seront pas contrôlés par le joueur, mais par un chronomètre (Timer1), tandis que le petit bonhomme sera déplacé par le joueur, à l'aide du courseur.

La codification du labyrinthe respecte certaines règles, c'est pourquoi, nous recommandons au lecteur que, avant de créer ses propres fichiers de labyrinthes (LBR), il réalise ceux donnés pour modèle.

Chaque symbole utilisé par le fichier LBR a une certaine signification :

@ = mur ;

= escalier ;

* = champignon ;

& = pieuvre ;

$ = petit bonhomme.

Voici les restrictions utilisées dans la création des labyrinthes:

- un labyrinthe est une matrice à 22 colonnes et 16 lignes ;
- le labyrinthe est bordé par des murs (@);
- le symbole du petit bonhomme apparaît une seule fois ($) ;
- les escaliers (#) partent du dessus d'un mur et montent jusqu'à un autre niveau, exactement entre les deux murs ;
- les champignons (*) et les pieuvres (&) restent sur les murs ;
- on utilisera le symbole ' ' (espace) pour marquer les espaces au cadre du labyrinthe.

Une autre restriction imposée par le texte du programme, après l'avoir vue, est que le nombre des pieuvres ne dépasse pas 10, et le nombre des champignons ne soit pas plus grand que 30.

Si vous créez un labyrinthe erroné, alors vous aurez des problèmes et vous vous en rendez compte pendant l'exécution du programme. Vous l'arrêterez et vous corrigerez le labyrinthe jusqu'à ce que vous n'ayez plus des problèmes.

Vous pouvez, aussi, partir d'un labyrinthe présenté et le modifier selon votre désir, en respectant les restrictions ci-dessus.

1.2. Le texte expliqué du programme

Nous allons présenter l'unité champignons1.pas, utilisé dans le projet Delphi champignons.dpr. Cette unité contient toutes les déclarations de variables et tous les procédés et encore d'autre éléments utilisés au cadre de l'application. Nous commenterons chacun de ces procédés et de ces algorithmes qu'ils introduisent (implantent).

```
unit champignons1;
interface
    uses
        Windows, Messages, SysUtils, Classes, Graphics,
        Controls,
        Forms,Dialogs, ExtCtrls, StdCtrls, ExtDlgs;
    type
        TForm1 = class(TForm)
                Timer1: TTimer;
                Button1: TButton;
                Label1: TLabel;
                Label2: TLabel;
                procedure Timer1Timer(Sender: TObject);
                procedure FormCreate(Sender: TObject);
                procedure Button1Click(Sender: TObject);
                procedure FormKeyDown(Sender: TObject;
                    var Key: Word; Shift: TShiftState);
                procedure FormPaint(Sender: TObject);
```

```
private
      { Private declarations }
public
      { Public declarations }
end;
```
```
var
      Form1: TForm1;
```

Les déclarations antérieures définissent une forme simple contenant seulement un bouton, deux étiquettes et un chronomètre.

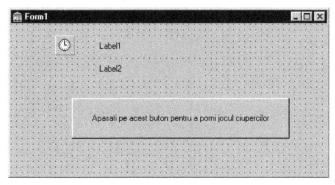

Toutes les autres choses qui apparaîtront dans le jeu seront dessinés directement sur la forme, en utilisent les méthodes de dessin qui agiront sur la propriété `Canvas` de la forme `Form1`. Certainement, juste après le début du jeu, le boutton `Bouton1`, contenant ce texte explicatif, disparaîtra.

```
implementation
{$R *.DFM}
```

Au cadre du programme nous serons obligés de dessiner plus de figures (le petit bonhomme, les champignons etc.). C'est pourquoi, nous utiliserons une procédure de dessin relative, pixele à pixele, d'une courbe, implantée par le procédé ci-dessous.

J'ai encadré dans cette boîte cette procédure de dessin relative, parce que nous la considérons d'intérêt général pour le lecteur et nous procéderons de la même façon avec d'autres procédures de ce genre, au parcours du livre.

```
procedure DessineCourbe(x0,y0,c: Integer; s: String);
var i: Byte; x,y: Integer;
begin
    x:=x0; y:=y0;
    for i:=1 to Length(s) do
        begin
            case s[i] of
                '1': Dec(y);
                '2': begin Inc(x); Dec(y) end;
                '3': Inc(x);
                '4': begin Inc(x); Inc(y) end;
                '5': Inc(y);
                '6': begin Dec(x); Inc(y) end;
                '7': Dec(x);
                '8': begin Dec(x); Dec(y) end
            end;
        Form1.Canvas.Pixels[x,y]:=c
        end
end;
```

Cette procédure dessine une courbe, point par point, qui a la couleur c. Le point de départ de la courbe a les coordonnées x0, y0, et chacun des points suivants aura les coordonnées en fonction des coordonnées du point précédent. Dans ce sens on utilisera une codification par les chiffres '1'.....'8', représentent les directions de « déplacement » pour dessiner le point suivant.

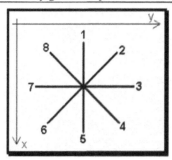

Par exemple, pour dessiner la courbe de la figure suivante, nous ferons appel à la procédure antérieure de cette manière :

```
DesssineCourbe(x0, y0, clBlack, '023354') {Dessiné la
courbe}
```

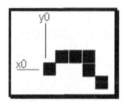

Les champignons et le petit bonhomme se déplacent dans le labyrinthe. Le déplacement supposera l'effacement de la figure de la position antérieure et on la dessinera dans sa nouvelle position.

L'effacement se fera à l'aide de la procédure ci-dessous, dont les paramètres indiquent la zone rectangulaire qui va être effacée, par le coloriage de tous ses points dans la couleur du fond (ici clBtnFace).

```
procedure ClearView(x1,y1,x2,y2: Integer);
var i,j: Integer;
begin
    for i:=x1 to x2 do
        for j:=y1 to y2 do
            Form1.Canvas.Pixels[i,j]:=clBtnFace
end;
```

Puis suivent les déclarations de constantes, variables et types de données faisant référence à tous les personnages de notre scénario :

15

```
const lat=24;
```

Cette variable représente la dimension du côté de chaque petit carré du labyrinthe (soit-il mur, escalier ou autre chose). Le labyrinthe proprement-dit sera gardé sous la forme d'une matrice à 16 lignes et 22 colonnes.

```
var L: array[1..16,1..22] of Char;
```

Par vies nous avons marqué le numéro de vies du petit bonhomme, qui initialement sera 10 et il se diminuera chaque fois qu'une pieuvre le rencontrera. Xom, Yom seront les coordonnées courantes du petit bonhomme, et Xom_i et Yom_i sont ses coordonnées initiales.

```
var vies, Xom, Yom, Xom_i, Yom_i: Integer;
```

Le numéro maximum de champignons et le numéro maximum de pieuvres est précisé par les déclarations suivantes :

```
const max_champignons=30; max_pieuvres=10;
```

Suivent, ensuite, les déclarations de quelques types de données obiectuelles, TChampignon (pour champignon) et TPieuvre (pour pieuvre).

Un champignon est caractérisé par ses données du labyrinthe et comme méthodes nous avons Init pour initialisation, Display pour afficher et Clear, pour effacement, utilisé lorsque le petit bonhomme a cueilli le champignon en cause.

```
type TChampignon = object
           x,y: Integer;
           procedure Init(x0,y0: Integer);
           procedure Display; procedure Clear;
       end;
```

Une pieuvre a, en plus, un attribut mut qui représente le sens du déplacement de la pieuvre à un moment donné, le déplacement proprement-dit se faisant à l'aide de la méthode Move. Après avoir défini le type de données TPieuvre suit la déclaration de vecteurs avec des champignons et des pieuvres.

```
type TPieuvre = object
```

```
                    x,y,mut: Integer;
                    procedure Init(x0,y0: Integer);
                    procedure Display;
                    procedure Clear;
                    procedure Move;
                    end;
var Champig: array[0..max_champignons] of TChampignon;
    Poulpe: array[0..max_pieuvres] of TPieuvre;
```

Nous aurons besoin aussi des trois variables, représentant respectivement le numéro de pieuvres restées dans le labyrinthe, le numéro initial de champignons, le numéro de pieuvres :

```
var champignons,champignons_init, pieuvres: Integer;
```

Le dessin du petit bonhomme dans le carré de coordonnées i,j de la matrice du labyrinthe se fera par la procédure ci-dessous, qui appelle aussi la procédure DessineCourbe (dessine la courbe) que d'autres méthodes aussi graphiques (FloodFill, Rectangle) qui écrivent directement dans la propriété Canvas de la forme Form1.

```
procedure Personnage(i,j: Integer);
begin
    DessineCourbe(lat*j+3,lat*i+11,clBlack,
    '0555443433336666653332321244443331'+
    '8888833322221776676777777777888');
    Form1.Canvas.Brush.Style:=bsSolid;
    Form1.Canvas.Brush.Color:=clBlue;
    Form1.Canvas.FloodFill(lat*j+4,lat*i+14,
                           clBlack,fsBorder);
    Form1.Canvas.Brush.Color:=clBlue;
    Form1.Canvas.FloodFill(lat*j+12,lat*i+16,
                           clBlack,fsBorder);
    DessineCourbe(lat*j+8,lat*i+7,clYellow,
```

```
                        '0565454433333222118187777777');
Form1.Canvas.Brush.Color:=clYellow;
Form1.Canvas.FloodFill(lat*j+10,lat*i+9,
                        clYellow, fsBorder);
Form1.Canvas.Pen.Color:=clGreen;
Form1.Canvas.Pen.Width:=1;
Form1.Canvas.Brush.Color:=clGreen;
Form1.Canvas.Rectangle(lat*j+7,lat*i+3,
                        lat*j+18,lat*i+6);
Form1.Canvas.Pen.Color:=clWhite;
Form1.Canvas.MoveTo(lat*j+11,lat*i+2);
Form1.Canvas.LineTo(lat*j+14,lat*i+2);
DessineCourbe(lat*j+10,lat*i+8,clFuchsia,'0357');
DessineCourbe(lat*j+14,lat*i+8,clFuchsia,'0357');
DessineCourbe(lat*j+10,lat*i+11,clRed,'03533313')
end;
```

La procédure `Imprimer` réalise l'affichage de l'information correspondante d'une cellule de la matrice du labyrinthe, en fonction du contenu de celle-ci (donné de `L[i,j]` où i et j sont la ligne, respectivement la colonne de cette cellule - là).

procedure Imprimer(i,j: Integer);

```
begin
    case L[i,j] of
        ' ': ClearView(lat*j+1,lat*i+1,lat*j+lat,lat*i+lat-1);
        '*': begin
            Champig[0].Init(i,j); Champig[0].Display
            end;
        {'&': begin
            Poulpe[0].Init(i,j); Poulpe[0].Display
            end;}
```

```
'#': begin
        Form1.Canvas.Pen.Color:=clMaroon;
        Form1.Canvas.Pen.Width:=3;
        Form1.Canvas.Moveto(lat*j+lat div 3,lat*i);
        Form1.Canvas.LineTo(lat*j+lat div 3,lat*(i+1)-1);
        Form1.Canvas.MoveTo(lat*(j+1)-lat div 3,lat*i);
        Form1.Canvas.LineTo(lat*(j+1)-lat div 3,
                        lat*(i+1)-1);
        Form1.Canvas.MoveTo(lat*j+lat div 3,
                        lat*i+lat div 3);
        Form1.Canvas.LineTo(lat*(j+1)-lat div 3,
                        lat*i+lat div 3)
     end;
'@': begin
        Form1.Canvas.Pen.Width:=1;
        Form1.Canvas.Pen.Color:=clMaroon;
        Form1.Canvas.Brush.Color:=clRed;
        Form1.Canvas.Brush.Style:=bsDiagCross;
        Form1.Canvas.Rectangle(lat*j+1,lat*i,
                        lat*(j+1)-1,lat*(i+1))
     end;
'$': Personnage(i,j)
    end
end;
```

Ensuite, on présente les trois méthodes des objets `TChampignon` :

procedure TChampignon.Init;

```
begin
    x:=x0; y:=y0
end;
```

```
procedure TChampignon.Display;
var i,j: Byte;
begin
    i:=x; j:=y;
    DessineCourbe(lat*j+3,lat*i+9,clYellow,
       '011222323232333433434444557767877777777767777');
    Form1.Canvas.Brush.Color:=clYellow;
    Form1.Canvas.Brush.Style:=bsSolid;
    Form1.Canvas.FloodFill(lat*j+4,lat*i+8,clYellow,
                           fsBorder;
    DessineCourbe(lat*j+5,lat*i+7,clRed,'0313557');
    DessineCourbe(lat*j+13,lat*i+7,clRed,'01353');
    DessineCourbe (lat*j+13,lat*i+3,clRed,'0753');
    DessineCourbe (lat*j+18,lat*i+6,clRed,'0135');
    DessineCourbe (lat*j+11,lat*i+10,clLime,
            '0555656565654433333221218181811177');
    Form1.Canvas.Brush.Color:=clLime;
    Form1.Canvas.Brush.Style:=bsSolid;
    Form1.Canvas.FloodFill(lat*j+11,lat*i+17,clLime,
                           fsBorder)
end;
procedure TChampignon.Clear;
begin
   ClearView(lat*y+1,lat*x+1,lat*y+lat-1,lat*x+lat-1)
end;
```

Nous avons aussi les méthodes des objets de type `TPieuvre` :

```
procedure TPieuvre.Init;
begin
    x:=x0; y:=y0;
    mut:=Random(2);
```

```
end;
```

Dans la méthode d'initialisation, la propriété (l'attribut) `mut` prend l'une des valeurs 0 ou1, pour un déplacement à l'horizontal.

```
procedure TPieuvre.Display;
var i,j: Byte;
begin
    i:=x; j:=y;
    DessineCourbe(lat*j+1,lat*i+15,clBlue,
        '012222111121231323334 33'+
        '444555556443448778776444445548817171717 17755'+
        '4453555818118816655755 5611211111'+
        '767757557561121222177675773123');
    Form1.Canvas.Brush.Color:=clAqua;
    Form1.Canvas.Brush.Style:=bsSolid;
    Form1.Canvas.FloodFill(lat*j+10,lat*i+4,clBlue,
                            fsBorder);
    DessineCourbe(lat*j+7,lat*i+6,clGreen,
                '02334557778333168');
    DessineCourbe(lat*j+13,lat*i+6,clGreen,
                '0233455777825331')
end;
```

```
procedure TPieuvre.Clear;
begin
    ClearView(lat*y+1,lat*x+1,lat*y+lat-1,lat*x+lat-1);
    Imprimer(x,y)
end;
```

Il est à remarquer que la méthode `Clear` de la classe `TPieuvre` finit par faisant appel à la procédure `Imprimer`, pour rétablir le contenu « de dessous » la pieuvre de la cellule d'où part cette pieuvre -là (qui pourrait être espace, escalier ou champignon).

La description qui suit est celle de la méthode `TPieuvre.Move` de déplacement d'une pieuvre. Elle fait appel à une procédure interne nommée `Deplace`, qui a comme argument le sens du déplacement (`m: Integer`).

```
procedure TPieuvre.Move;
procedure Deplace(m: Integer);
begin
    Clear; Imprimer(x, y);
    case m of
        0: y:=y-1;
        1: y:=y+1;
        2: x:=x+1;
        3: x:=x-1
    end;
    Display
end;
begin
    case L[x,y] of
        ' ','*':
            if L[x+1,y]='@' then
                case mut of
                0: if y>2 then
                    if L[x+1,y-1] in ['@','#'] then
                        Deplace(mut)
                    else
                        mut:=1
                else
                    mut:=1;
                1: if y<21 then
```

```
                    if L[x+1,y+1] in ['@','#'] then
                        Deplace(mut)
                    else mut:=0
                else
                    mut:=0
            end
    else { # }
        begin
            if Random(10)<3 then mut:=2
            else
            if mut=3 then mut:=Random(2)
            else Deplace(mut)
        end;
    '#': case mut of
            0: if Random(10)<7 then mut:=3
                else
                  if y>2 then
                      if L[x+1,y-1] in ['@','#'] then
                       Deplace(mut)
                      else
                       mut:=1
                  else
                      mut:=1;
            1: if Random(10)<5 then mut:=3
                else
                  if y<21 then
                    if L[x+1,y+1] in ['@','#'] then
                    Deplace(mut)
                  else mut:=0
                else mut:=0;
```

```
2: if L[x+1,y]='@' then
   if Random(10)<2 then
       mut:=3
   else mut:=Random(2)
   else Deplace(mut); {sus}
3: if L[x+1,y] in ['#','@'] then
   Deplace(mut)
   else
   begin
   if Random(10)<3 then
       mut:=2
   else mut:=Random(2)
   end
   end
   end
end;
```

Bien que à une première vue la procédure puisse paraître compliquée, l'algorithme est relativement simple. De cette façon, elle s'appelle Deplace(mut) (déplacé), en tenant compte de plusieurs restrictions que les pieuvres peuvent avoir pendant leur déplacement de cette façon, il n'est pas possible qu'une pieuvre passe/tombe « en vide », c'est–à-dire tombe de l'escalier ou n'aille pas sur les murs. Une fois qu'elle a choisi aussi de monter un escalier, alors elle le fera jusqu'au bout, ne le descendra au mi-chemin. Les choses vont de même aussi au cas d'un déplacement sur un certain niveau.

On peut observer que, à la suite de l'application des différentes restrictions, on génère la valeur suivante du champ mut qui indique le sens du déplacement suivant de la pieuvre, ayant comme base la procédure Muta.

Une procédure importante (qui sera nommée en bas par la procédure TForm1.Button1Click). Cette procédure utilise une variable F de type

TextFile (attention à ce type de données, qui en *Turbo Pascal* était nommé tout simplement Text !). Le fichier qui contient le labyrinthe s'associe à F, par AssignFile (attention à cette fonction, qui en *Turbo Pascal* était nommée tout simplement *Assign*) qui est ouvert pour la lecture de données, sous la forme d'une matrice de caractères. Chaque lecture de L[i,j] est suivie par le dessin (initialisation correspondante). Le fichier se renferme à la fin avec CloseFile(F) (attention, en *Turbo Pascal* nous aurions en Close(F) !).

```pascal
procedure LisLabyrinthe(nf: String);
var F: TextFile; i,j: Byte;
begin
    vies:=10;
    champignons:=0;
    AssignFile(F,nf); Reset(F);
    for i:=1 to 16 do
        begin
          for j:=1 to 22 do
            begin
            Read(F,L[i,j]);
            {mur, escalier ou perssonnage}
            if L[i,j] in ['#','@','$'] then
                Imprimer(i,j);
            if L[i,j]='$' then {le petit bonhomme}
                begin L[i,j]:=' '; Xom:=i; Yom:=j end;
            case L[i,j] of
                '*': begin
                {champignon - creé,
                 initialisé, aparaît}
                Inc(champignons);
                Champig[champignons].Init(i,j);
```

```
                        Champig[champignons].Display
                        end;
                        '&': begin
                        {la pieuvre (poulpe) est créé,
                        la pieuvre est initialisé,
                        la pieuvre apparaît}
                        Inc(pieuvres);
                        Poulpe[pieuvres].Init(i,j);
                        Poulpe[pieuvres].Display;
                        L[i,j]:=' '
                        end;
              end
          end;
          ReadLn(F)
      end;
      CloseFile(F);
      Xom_i:=Xom; Yom_i:=Yom;
      champignons_init:=champignons
end;
```

Les deux procédures suivantes affichent le pointage courant réalisé par le joueur et le nombre de vies qui sont restées au petit bonhomme. Ce pointage se réalise ayant pour base la différence entre `champignons_init` et `champignons`, c'est-à-dire il est donné par le nombre des champignons collectés jusqu'à ce moment-ci.

```
procedure AffichagePointage;
var s: String;
begin
    Str(champignons_init-champignons,s);
    Form1.Label1.Caption:='POINTAGE: '+s;
end;
```

```
procedure AffichageVies;
var s: String;
begin
    Str(vies,s);
    Form1.Label2.Caption:='VIES: '+s;
end;
```

Le nombre des vies et le pointage courant représentent des indicateurs de final du jeu. De cette façon, s'il n'y a plus des champignons dans le labyrinthe, cela veut dire que le jeu a été fini avec du succès, et si le petit bonhomme a épuisé ses vies, cela veut dire que le jeu a été fini par un échec.

La procédure qui s'occupe de ces tests est donnée plus bas. Avant de faire les deux tests, la procédure vérifie si une pieuvre rencontre dans son chemin le petit bonhomme, ce qui suppose la punition du joueur par prendre une vie du petit bonhomme.

```
procedure TestViesEtPointage;
var i: Byte; gata: Boolean;
begin
    i:=1; gata:=False;
    while (i<=pieuvres) and (not gata) do
        if (Poulpe[i].x=Xom) and (Poulpe[i].y=Yom) then
            begin
                Dec(vies); gata:=True;
                AffichageVies;
                { Xom:=Xom_i; Yom:=Yom_i; }
                Personnage(Xom,Yom);
            end
        else Inc(i);
            if vies=0 then
                begin
```

```
            Form1.Timer1.Interval:=0;
            ShowMessage('Joc pierdut!');
            Application.Terminate
            end
        else
        if champignons=0 then
            begin
            Form1.Timer1.Interval:=0;
            ShowMessage('La partie est gagnée!');
            Application.Terminate
            end
end;
```

La procédure `DeplacePieuvres` (déplace des pieuvres) s'occupe avec le déplacement de tout l'ensemble d'ennemis du petit bonhomme et de tester l'accomplissement de l'une des conditions pour finir ce jeu. Mais le déplacement effectif est appelé à un certain intervalle de temps, par la procédure `TForm1.Timer1Timer`.

```
procedure DeplacePieuvres;
var i: Byte;
begin
    for i:=1 to pieuvres do
        Poulpe[i].Move;
        TestViesEtPointage
    end;
end;
procedure TForm1.Timer1Timer(Sender: TObject);
begin
    DeplacePieuvres
end;
```

La procédure qui crée la forme fait de certaines initialisations sur les caractéristiques de la forme et sur le `Timer1` pour que celui-ci n'agit pas encore sur les pieuvres.

```
procedure TForm1.FormCreate(Sender: TObject);
begin
    Label1.Hide; Label2.Hide;
    Randomize; Timer1.Interval:=0;
    Caption:='Champignons';
    Top:=50; Left:=50;
    Width:=580; Height:=470;
    BorderStyle:=bsSingle;
    Label1.Left:=100; Label2.Left:=400;
    Label1.Top:=420; Label2.Top:=420
end;
```

C'est à peine après avoir actionné le bouton pour commencer, le jeu commence à se dérouler. Premièrement il faudra donner le numéro du labyrinthe, établi implicitement à 3, puis la procédure `Tform1.ButtonClick` fait appel à une procédure de lecture du labyrinthe du fichier correspondant et on met en marche le chronomètre. L'intervalle du `Timer1` est établi inversement proportionné au nombre des pieuvres.

```
procedure TForm1.Button1Click(Sender: TObject);
var sir: String;
begin
    Button1.Hide;
    sir:=InputBox('Champignons',
                'No de labyrinthe [1..4]!','3');
    LisLabyrinthe('LAB'+sir+'.LBR');
    Label1.Show; Label2.Show;
    AffichageVies; AffichagePointage;
```

```
     Timer1.Interval:=1000 div pieuvres
end;
```

L'introduction du nombre du labyrinthe se réalise par l'appel de la fonction `Inputbox`, qui ouvre une fenêtre de dialogue comme celle ci-dessous. La lecture du labyrinthe se réalise par la procédure `LisLabyrinthe` (lis labyrinthe), qui a été présentée en avant.

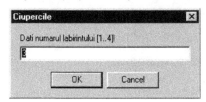

Le déplacement du petit bonhomme est fait par le joueur à l'aide des événements de clavier qui ont lieu sur `Form1`. Dans ce sens, on utilise l'événement `OnKeyDown`, c'est-à-dire la méthode `FormKeyDown`, où `Key` représente le code de la touche appuyée. Les quatre nombres (40, 38, 37 et 39) correspondent aux quatre sens de déplacement du petit bonhomme : en bas, en haut, à gauche et respectivement à droite.

Vous observez que si `L[Xom, Yom]` a la valeur '*', c'est-à-dire le petit bonhomme a rencontré un petit champignon, alors le pointage accroît, le champignon disparaît (il s'efface sur l'écran , et la variable champignons décroît).

```
procedure TForm1.FormKeyDown(Sender: TObject; var Key:
Word;
Shift: TShiftState);
var aux: Char;
begin
    case Key of
        40: if L[Xom+1,Yom]<>'@' then { jos }
            begin
            aux:=L[Xom,Yom]; L[Xom,Yom]:=' ';
            Imprimer(Xom,Yom);
```

```
      L[Xom,Yom]:=aux; Imprimer(Xom,Yom);
      Inc(Xom); Personnage(Xom,Yom);
      if L[Xom,Yom]='*' then
          begin
          L[XOm,YOm]:=' '; Dec(champignons);
          Imprimer(Xom,Yom); Personnage(Xom,Yom);
          AffichagePointage
          end
      end;
38: if (L[Xom,Yom]='#') and
    (L[Xom-1,Yom] in ['#',' ','*']) then {sus}
    begin
    aux:=L[Xom,Yom]; L[Xom,Yom]:=' ';
    Imprimer(Xom,Yom);
    L[Xom,Yom]:=aux; Imprimer(Xom,Yom);
    Dec(Xom); Personnage(Xom,Yom);
    if L[Xom,Yom]='*' then
          begin
          L[XOm,YOm]:=' '; Dec(champignons);
          Imprimer(Xom,Yom); Personnage(Xom,Yom);
          AffichagePointage
          end
    end;
37: if (L[Xom,Yom] in ['#',' ']) and
    (L[Xom,Yom-1]<>'@') and
    (L[Xom+1,Yom-1] in ['@','#']) then {stg}
    begin
    aux:=L[Xom,Yom]; L[Xom,Yom]:=' ';
    Imprimer(Xom,Yom);
    L[Xom,Yom]:=aux; Imprimer(Xom,Yom);
```

```
          Dec(Yom); Personnage(Xom,Yom);
          if L[Xom,Yom]='*' then
              begin
              L[XOm,YOm]:=' '; Dec(champignons);
              Imprimer(Xom,Yom); Personnage(Xom,Yom);
              AffichagePointage
              end
          end;
   39: if (L[Xom,Yom] in ['#',' ']) and
       (L[Xom,Yom+1]<>'@') and
       (L[Xom+1,Yom+1] in ['@','#']) then {dr}
       begin
       aux:=L[Xom,Yom]; L[Xom,Yom]:=' ';
       Imprimer(Xom,Yom);
       L[Xom,Yom]:=aux; Imprimer(Xom,Yom);
       Inc(Yom); Personnage(Xom,Yom);
       if L[Xom,Yom]='*' then
           begin
           L[XOm,YOm]:=' '; Dec(champignons);
           Imprimer(Xom,Yom); Personnage(Xom,Yom);
           AffichagePointage
           end
       end
     end
end;
```

Pour ne pas avoir de problèmes aussi au cas où la fenêtre de notre application serait couverte, par hasard ou volontairement, par une autre fenêtre, nous écrirons une procédure de re-dessin du tout le labyrinthe à savoir.

```
procedure TForm1.FormPaint(Sender: TObject);
var i,j: Integer;
begin
    for i:=1 to 16 do
        for j:=1 to 22 do
            if L[i,j] in ['#','$','@','*','&'] then
                Imprimer(i,j)
end;
end.
```

Dans ce moment, le code source de l'unité champignons1.pas de notre application a fini.

Application 2

La carte – un programme sur la Roumanie touristique

2.1. Présentation générale

L'application que nous concevons peut constituer un modèle pour toute une série de programmes complexes, où on dessine la présentation de quelques informations sur un thème donné. Les informations seront groupées par articles et ce sera aussi des textes que des images, qui pourront être sélectionnées d'une liste d'images disponibles. Le choix de l'article se fera d'une manière interactive, selon un modèle similaire à celui de l'application « La carte..».

Dans ce programme nous avons deux formes. La forme Form1 (la première activée) apparaîtra comme on observe dans l'image ci-dessus. En déplaçant la souris sur les départements de la carte administrative du pays, nous choisirons un certain département. Le choix du département se fera en fonction des coordonnés courantes de la souris. On ne respecte pas exactement la forme des limites du département, mais seulement quelques zones rectangulaires, choisies d'une manière à ce qu'elles correspondent à ces départements. Dans la figure ci-dessus on a représenté la zone rectangulaire de département de Alba, tout comme la position de la souris au cadre de cette zone.

Il est à remarquer que les zones rectangulaires des départements ne figurent pas sur la carte, pendant le programme, donc elles seront invisibles pour l'utilisateur de notre application. Ces rectangles seront mémorisés dans un fichier spécial nommé romap.txt, fichier qui a la structure suivante :

```
nom de departement
x1 y1 x2 y2
. . . . . . . . . . . . . . . . .
```

Donc, des noms des départements du pays sont écrits, puis pour chaque département ses coordonnés du coin gauche haut et du coin droit en bas de la zone rectangulaire qui encadre une grande partie du département.

Plus précisément, le contenu du fichier « romap.txt » utilisé dans notre application est la suivante:

```
Alba
179 165 222
217
Arad
41 157 131 200
Arges
268 240 308
339
Bacau
360 136 445
195
Bihor
101 99 148 148
Bistrita-
Nasaud
235 77 288 107
```

```
Botosani
365 0 437 66
Brasov
279 208 347
248
Braila
440 240 487
305
Buzau
376 234 435
303
Calarasi
380 343 473
371
Caras-Severin
75 242 139 309
Cluj
164 127 233
159
Constanta
480 305 546
396
Covasna
324 187 385
229
Dambovita
307 272 340
321
Dolj
173 339 241
```

```
402
Galati
441 182 496
242
Giurgiu
337 348 377
396
Gorj
161 267 220
328
Harghita
298 105 348
183
Hunedoara
137 188 186
266
Ialomita
381 302 490
344
Iasi
388 65 481 127
Ilfov
348 310 382
352
Maramures
197 48 276 68
Mehedinti
119 303 182
365
Mures
```

```
247 136 293
180
Neamt
334 94 430 143
Olt
238 315 277
403
Prahova
335 248 387
307
Satu Mare
123 17 188 69
Salaj
155 86 201 115
Sibiu
222 199 267
236
Suceava
291 21 375 92
Teleorman
277 339 343
413
Timis
6 200 115 241
Tulcea
487 237 592
309
Vaslui
429 114 496
189
```

```
Valcea
219 246 262
326
Vrancea
384 185 438
241
Bucuresti
348 310 382
352
```

Le nom du département au-dessus duquel se trouve la souris sera affiché en-tête (la propriété `Caption`) de la fenêtre `Form1` (à voir la figure ci-dessus). La sélection d'un département pour en obtenir des informations se fera par actionner le bouton de la souris à l'intérieur de son rectangle correspondant. De cette manière, par exemple, si on choisit le département de Alba, une nouvelle forme, `Form2`, se chargera, c'est-à-dire y apparaîtra une deuxième fenêtre du dessous, la première étant désactivée jusqu'à la fermeture de la deuxième.

Donc, `Form2`, contiendra un contrôle de type `TImage` (à gauche en haut), l'un de type `TListBox` (à droite en haut) et une cassette de type `TMemo`, pour afficher le contenu d'un fichier texte, associé au département sélectionné.

Naturellement, si on a 42 départements, on aurra aussi le même nombre de fichiers texte dont les noms, tout comme on verra au texte du programme, seront les noms même des départements de la Roumanie, complétés à l'aide de l'extention '.txt'.

La liste de droite en haut contient les noms des fichiers '.bmp', avec des images du département choisi. Ces noms seront, en fait, precisés au cadre du fichier texte du département, dans les premières lignes (mais ils peuvent être aussi dans d'autres lignes) et ils sont précédé par le symbole '@'.

Donc, par exemple, le fichier 'alba.txt' aura le contenu suivant (traduction française):

```
@poartain.bmp
@panorab.bmp
@ortod_ai.bmp
LE DÉPARTEMENT DE ALBA
# Données générales
    Département situé au Centre-Ouest de la Roumanie, sur
le cours moyen de la rivière de Mureş;
6,2 mille kilomètres  carrés ; le chef-lieu Alba-Iulia
    Villes : Sebeş et Abrud.
# le relief et le climat
Relief accidenté ; à l'Ouest les montagnes Metaliferi,
Trascau et Bihor avec quelques dépressions de montagne
(Zlatna, Abrud, Campeni) ; à l'Est la Vallée de Mureş et
les sommets de ouest du Plateau Târnavelor. Le climat
tempéré-continental, avec des hivers plus froidés dans la
```

zone de montagne ; les précipitations varient en fonction de teritoire (600-110 mm/an)

#Économie

Exploitations : forestières, de minerais d'or et d'argent (Zlatna, Baia de Aries, Almaşu Mare, Roşia Montana) et de cuivre (Bucium), minerais de cinabru (Izvoru Ampoiului), des gaz naturels (Cetatea de Balta), du sel (Ocna Mureşului), rochers de construction etc.

Les plus importantes branches industrielles du département sont : l'extraction des minerais neferos.et la métalurgie neferos, l'exploitation et la préfabrication du bois, la construction de voitures, l'industrie chimique (soda calcinée et caustique, neferoasa), l'industrie chimentaire, des matériaux de construction.

La superficie agricole du département ou cultive des céréales (102,7 mille ha), du tournesol, des pommes de terre et la betterave à sucre, des visnobles (Alba-Iulia, Blaj, Craciunelu de Jos, Jidvei, Valea Lunga, Aiud), la pomiculture, la légumiculture. L'élevage (bovines, porcines, ovines), aviculture.

Tourisme

La zone touristique, avec de nombreux endroits pittoresques (Pestera Scarişoara et Pojarul Poliţei,Detunatele), des monuments historiques et architecturaux.

Observez les premières trois lignes de ce fichier.

Elles contiennent exactement les noms de ces fichiers avec des images, qui sont inscrits dans la liste, ListBox1 au-dessus à droite de la forme et sont précédées par le symbole '@'. Puis il y a le texte qui fait référence au département du Alba, qui se retrouve dans la composante `Memo1` du cadre de la `Forme2`.

Dans l'image antérieure, on a agi sur le deuxième itème de la liste et on a affiché l'image panoramique du chef-lieu Alba-Iulia, qui se trouve dans le fichier 'panorab.bmp'. Lorsque vous réaliserez concrètement votre application, vous devrez disposer de plusieurs fichiers avec des images, pour chaque département, tout comme d'un fichier texte (vous pouvez le créer vous-même), pour chaque département du pays. À tout cela s'ajoute l'image de la carte administrative de la Roumanie, que vous pouvez scanner sur la première page du livre, si vous disposez d'un scanner, ou vous pouvez la copier sur l'Internet, si vous disposez d'une telle connexion.

Il y a beaucoup de locations web, où il y a des données sur la Roumanie et vous pouvez en prendre non seulement la carte de la Roumanie, mais beaucoup d'autres informations, même des textes qui font référence aux départements du pays ou des images du tout le territoire de la patrie. Essayez, par exemple, les adresses: http://www.rotravel.com et http://www.ici.ro.

Après la fermeture de la forme `Form2` on revient à la forme `Form1`, d'où on peut choisir un autre département, pour afficher ses données correspondantes.

2.2. Le texte expliqué du programme

Notre projet, `harta.dpr` contiendra des références à ces deux unités utilisées: `harta1.pas` et `harta2.pas`:

```
program harta;
uses
   Forms,
   harta1 in 'harta1.pas' {Form1},
   harta2 in 'harta2.pas' {Form2};
{$R *.RES}
```

```
begin
    Application.Initialize;
    Application.CreateForm(TForm1, Form1);
    Application.CreateForm(TForm2, Form2);
    Application.Run;
end.
```

La première unité correspond à une forme `Form1` très simple, où se trouve une correspondante `Image1`, qui immédiatement après la création de la forme se charge avec le contenu du fichier 'roumanie.bmp'. Aussi, la procédure `TForme1FormCreate` contiendra-t-elle des instructions d'adaptation des dimensions de la forme `Form1` aux dimensions de l'image avec la carte de la Roumanie. Attention à la déclaration uses `harta2` de la portion implémentation de l'unité `harte1`.

```
unit harta1;
interface
uses
    Windows, Messages, SysUtils, Classes, Graphics,
    Controls, Forms, Dialogs, ExtCtrls;
type
    TForm1 = class(TForm)
        Image1: TImage;
        procedure FormCreate(Sender: TObject);
        procedure Image1MouseMove(Sender: TObject;
                        Shift:   TShiftState;   X,Y:
Integer);
        procedure Image1Click(Sender: TObject);
    private
        { Private declarations }
    public
        { Public declarations }
```

```
        end;
var
    Form1: TForm1;
    numejudet: String;
implementation
uses harta2;
{$R *.DFM}
procedure TForm1.FormCreate(Sender: TObject);
begin
        Form1.Top:=100; Form1.Left:=100;
        Image1.Left:=0; Image1.Top:=0;
        Image1.Picture.LoadFromFile('romania.bmp');
        Image1.AutoSize:=True;
        Form1.ClientWidth:=Image1.Width;
        Form1.ClientHeight:=Image1.Height
    end;
```

Nous devons écrire, à la suite, la procédure associée à l'événement de déplacement du curseur de la souris sur l'image de la carte :

```
procedure TForm1.Image1MouseMove(Sender: TObject;
        Shift: TShiftState; X,Y: Integer);
var f: TextFile;
    x1,y1,x2,y2: Integer;
    gasit: Boolean;
begin
    AssignFile(f,'romap.txt');
    Reset(f); gasit:=False;
    while (not gasit) and (not eof(f)) do
        begin
            ReadLn(f,numejudet);
            ReadLn(f,x1,y1,x2,y2);
```

```
              if (x1<=X) and (X<=x2) and
                 (y1<=Y) and (Y<=y2) then
                   gasit:=True
          end;
      if gasit then
         Form1.Caption:=numejudet
      else
         numejudet:='';
      CloseFile(f)
end;
```

Tout comme on peut voir, la procédure réalise une recherche sequentielle du premier rectangle (spécifié par les coordonnées $x1$, $y1$, $x2$ et $y2$) qui contient à l'intérieur les coordonnées du curseur de la souris :x et y. Si on trouve un certain rectangle, alors on actualise d'une manière correspondante la variable *nom département*. Si, en plus, on réalise un click de la souris (ou clique sur la souris) sur le rectangle d'un département, alors s'exécute la procédure ci-dessous qui désactive la forme courante Form1 et change la Form2 dont l'unité harta2.pas s'occupe.

```
procedure TForm1.Image1Click(Sender: TObject);
begin
   if numejudet<>'' then
      begin
         Form1.Enabled:=False;
         Form2.Show;
         Form2.Caption:='Informatii    despre    judetul
'+numejudet;
         Form2.Top:=150; Form2.Left:=150
      end
end;
end.
```

L'unité `harta2` introduit les opérations de travail sur les composantes de la `Form2`. L'interface de cette unité est la suivante :

```
unit harta2;
interface
uses
  Windows, Messages, SysUtils, Classes, Graphics,
  Controls, Forms, Dialogs, ExtCtrls, StdCtrls;
type
  TForm2 = class(TForm)
    Image1: TImage;
    Memo1: TMemo;
    ListBox1: TListBox;
    procedure FormClose(Sender: TObject;
             var Action: TCloseAction);
    procedure FormShow(Sender: TObject);
    procedure ListBox1Click(Sender: TObject);
  private
    { Private declarations }
  public
    { Public declarations }
  end;
var
  Form2: TForm2;
```

La section d'implémentation contient une référence de l'unité décrite antérieurement, puis est présentée la procédure qui répond à l'événement de fermeture de la forme, par lequelle le contrôle de l'exécution du programme se donne à la forme `Form1`, activée par l'instruction `Form1.Enabled :=True`.

```
implementation
uses harta1;
```

```
{$R *.DFM}
procedure TForm2.FormClose(Sender: TObject;
         var Action: TCloseAction);
begin
     Form1.Enabled:=True
end;
```

Quand on affiche `Form2`, conformément à l'appel de la `TForm1.Image1Click`, on appellera, en fait, la procédure ci-dessous, qui répond à l'événement en cause :

```
procedure TForm2.FormShow(Sender: TObject);
var i,j: Integer; s: String; f: TextFile;
begin
     nr_imagine:=-1;
     ListBox1.Clear; Memo1.Clear;
     Image1.Picture.Graphic:=nil;
     Memo1.ScrollBars:=ssBoth;
     Image1.Stretch:=True;
     AssignFile(f,numejudet+'.txt');
     {$I-}Reset(f);{$I+}
     if IOResult=0 then
        begin
          while not eof(f) do
          begin
            ReadLn(f,s);
            if s[1]='@' then
              ListBox1.Items.Add(Copy(s,2,Length(s)-1))
            else
              Memo1.Lines.Add(s)
          end;
          CloseFile(f);
```

```
        end
    else
        begin
            Image1.Picture.Graphic:=nil;
            ListBox1.Clear;
            Memo1.Clear;
            Memo1.Lines.Add('Nu detinem informatii');
            Memo1.Lines.Add('despre acest judet!')
        end
end;
```

On analyse pas à pas la procédure antérieure. Premièrement quelques initialisations ont lieu, importantes qui font référence à Memo1, ListBox1 et Image1, puis on ajoute à la composante Memo1 les deux barre de défilement, pour pouvoir lire le texte qui y apparaîtra entier, mêmes il peut être donné trop long ou trop épais.

On configure ensuite, la propriété Stretch de l'image Image1 à la vérité (True-vérité) pour que l'image ne dépasse pas les limites établies. Certainement, cette chose peut provoquer des désagréments par la déformation de l'image de Image1, c'est pourquoi il vaut mieux d'opter pour une solution meilleure à savoir :

- la redimensionne de toutes les images de sorte qu'elles tiennent dans la composante Image1, même si Image1.Strecht restait False;
- la réalisation d'une redimensionne de l'image Image1 de sorte qu'il existe des proportions correspondantes entre l'épaisseur et la hauteur de l'image du fichier '.bmp' et les propriétés Width et, respectivement, Height de l'image Image1.

```
nr_imagine:=-1;
ListBox1.Clear; Memo1.Clear;
Image1.Picture.Graphic:=nil;
Memo1.ScrollBars:=ssBoth;
```

```
Image1.Stretch:=True;
```

On ouvre, à la suite, le fichier texte et on lit son contenu ligne par ligne. Les lignes qui commencent par le symbole '@' sont travaillées séparément et on les ajoute aussi dans la liste `ListBox1` que dans la composante `Memo1`. Certainement, un fichier texte peut être chargé dans une composante de type `TMemo` plus simplement, par un appel de genre `Memo1.Lines.LoadFromFile (numejudet + '.txt')`, mais cette procédure ne pouvait pas être appliquée ici, parce qu'on devait prendre séparément les lignes qui commençaient par '@'. De toute façon, le procédure doit être retenue pour des utilisations ultérieures.

Vous observez, aussi, l'apparition des deux options spéciales de compilation qui encadrent `Reser(f)`. La première a le rôle de désactiver le contrôle des opérations d'entrée-sortie par le compilateur, et la deuxième a le rôle de refaire l'activation.

La désactivation par `{$I -}` détermine le compilateur Pascal ne pas réagir au cas d'un échec de `Reset(f)` par un message d'erreur d'une opération d'entrée-sortie.

De cette manière, si un certain problème fait son apparition, le contrôle est pris de notre programme, qui vérifie la variable de système prédéfinie `IOResult`.

Quand celle-ci a la valeur 0, cela veut dire que tout est bien, mais quand elle n'est pas 0, sa valeur indique le type d'erreur détecté. Nous avons employé l'option de compilation `{$I-}` et le test de la valeur de `IOResult` pour vérifier si le fichier qui va être ouvert pour en prendre des informations existe ou non.

Si ce fichier n'existe pas, alors `Memo1` sera déchargé par deux lignes contenant un texte explicatif correspondant.

Par l'appel `Image1.Picture.Graphic:=Nil` on réalise aussi un effacement de l'image de `Image1`. Nous pouvons écrire aussi

Image1.Picture:=Nil **pour réaliser la même chose.** ListBox1.Clear
efface aussi la liste qui contient les noms des fichiers avec des images
'bmp'.

```
    AssignFile(f,numejudet+'.txt');
    {$I-}Reset(f);{$I+}
    if IOResult=0 then
        begin
          while not eof(f) do
          begin
            ReadLn(f,s);
            if s[1]='@' then
              ListBox1.Items.Add(Copy(s,2,Length(s)-1))
            else
              Memo1.Lines.Add(s)
          end;
          CloseFile(f);
        end
    else
        begin
          Image1.Picture.Graphic:=nil;
          ListBox1.Clear; Memo1.Clear;
          Memo1.Lines.Add('Nu detinem informatii');
          Memo1.Lines.Add('despre acest judet!')
        end
end;
```

En fin, si on agit au cadre de la liste, ôn cherche l'itème sélecté et on
charge l'image correspondante en Image1.

procedure TForm2.ListBox1Click(Sender: TObject);
```
var i: Integer;
begin
```

```
      for i:=0 to ListBox1.Items.Count-1 do
        if ListBox1.Selected[i] then
            Image1.Picture.LoadFromFile(ListBox1.Items[i])
end;
end.
```

Observation : La fonction suivante se base sur les explications antérieurement présentées, et qui font référence à l'option de compilation {$I-} et à la variable de système IOResult et vérifie l'existence d'un fichier quelconque.

```
      function FileExist(nf: String): Boolean;
      var F: File;
      begin
          Assign(F,nf); {$I-}Reset(F);{$I+}
          if IOResult=0 then
              begin Close(F); FileExist:=True end
          else
              FileExist:=False
      end;
```

Application 3

Des marchandises – un jeu de logique

3.1. Présentation générale

Le jeu est une variante en Delphi du bien connu *Sokoban*. Un petit bonhomme se trouve dans un dépôt et il doit déplacer dans quelques endroits établis en avance des paquets de marchandise.

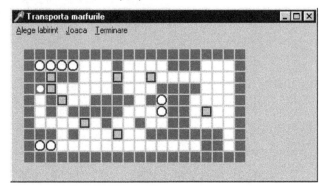

C'est un autre jeu avec un labyrinthe, tout comme *Les champignons*. Cette fois-ci nous disposons d'un petit bonhomme (ici représenté par un petit cercle blanc dans un carré rouge – la ligne 4, colonne 2 dans la figure). Il se promène dans un labyrinthe à 10 lignes et 20 colonnes, bordé par des murs et ayant des murs aussi à l'intérieur (à voir, par exemple, les maisonnettes de la bordure, qui peuvent être dessinées avec du vert).

Notre bonhomme sait seulement se déplacer orthogonalement par les espaces entre les murs (blanc- jaune ou ceux marqués par des cercles).

Il a à sa portée un nombre de paquets avec de la marchandise (des petits carrés dont la bordure est mis en évidence, comme celui de la position 3, 3), qu'il doit emporter dans les endroits marqués par des cercles (comme les quatre cercles de la ligne 2 ci-dessus). Le déplacement des marchandises ne se fait que par la poussée et, pour que le problème devienne plus difficile encore, on ne peut pas pousser plusieurs paquets en même temps !

Donc, par exemple, dans le cas de la figure antérieure, notre petit bonhomme ne peut que descendre une ligne ou se déplacer à droite sur une colonne, ce qui même donne aussi au déplacement avec une position à droite du paquet ci-joint, qui de la position ligne = 4 et colonne = 3 se déplacera dans la position ayant la même ligne mais la colonne = 4. Puis, par un mouvement en haut, le petit bonhomme positionnera correctement la marchandise dans la cellule de coordonnées 3, 3 qui arrivera sur le cercle de la maison sur la ligne 2 et sur la colonne 3. Certainement, le cercle de coordonnées 2, 2 ne restera pas ouvert, ce qui n'est pas bien, c'est pourquoi il faudra que le paquet de marchandise dont il venait de parler, arrive dans le cercle de la cellule 2,2.

Le jeu se base, donc, sur des labyrinthes bien élaborés, dans le sens qu'il respecte quelques conditions :

- un labyrinthe a 10 lignes et 20 colonnes;
- chaque labyrinthe est bordé par des murs;
- le nombre des positions destinées (marquées par des cercles) est identique au nombre de paquets de marchandise;
- il y a du moins un paquet de marchandise;
- il y a exactement un petit bonhomme;
- le problème a une solution (c'est-à-dire toutes les marchandises peuvent être déplacées jusqu'aux cercles destinés).

Il est à désirer, bien sur, que le problème soit difficile, que la solution soit difficilement à trouver, éventuellement qu'elle contienne des éléments d'unicité. Tout comme le jeu Les champignons, ici le labyrinthe sera pris aussi d'un fichier texte, où on utilise de différents caractères pour codifier les éléments composants du labyrinthe.

De cette façon, le symbole '#' marque les murs, le bonhomme est '$', les paquets de marchandise sont symbolisés par '*', et les endroits de déposition des marchandises sont marqués par '%'.

Voici 6 modèles de labyrinthe, tous solvables, mais ayant de degrés différents de difficulté.

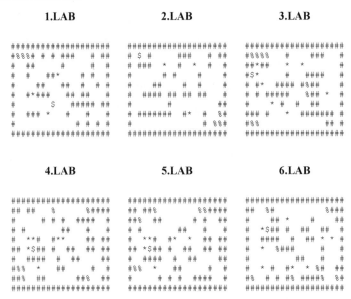

3.2. Le texte expliqué du programme

Pour comprendre le texte de l'unité `marf1.pas` nous devons pour le début, projeter l'interface de la forme de l'application. `Form1` contiendra un menu principal MainMenu1 (de type TMainMenu), avec trois commandes, tout comme on voit dans la figure ci-dessous :

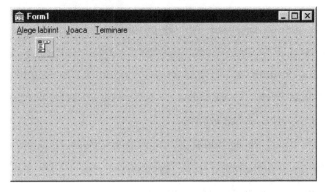

Donc, nous aurons l'interface de `marf1.pas`:

```
unit marf1;

interface

uses
  Windows, Messages, SysUtils, Classes, Graphics,
  Controls, Forms, Dialogs, StdCtrls, Menus;
type
  TForm1 = class(TForm)
    MainMenu1: TMainMenu;
    SelectLab1: TMenuItem;
    Jouer1: TMenuItem;
    Terminare1: TMenuItem;
    procedure Jouer1Click(Sender: TObject);
    procedure FormCreate(Sender: TObject);
    procedure Terminare1Click(Sender: TObject);
    procedure SelectLab1Click(Sender: TObject);
    procedure FormKeyDown(Sender: TObject;
            var Key: Word; Shift: TShiftState);
    procedure FormPaint(Sender: TObject);
  private
    { Private declarations }
  public
    { Public declarations }
  end;
var
  Form1: TForm1;
```

Avant de passer à l'explication des éléments qui apparaissent dans la section d'introduction de l'unité, nous exposons l'idée de réalisation du programme.

Premièrement, la commande, 'Joacǎ' du menu ne sera pas disponible, de cette façon l'utilisateur sera obligé de choisir un labyrinthe, qui sera dans un fichier ayant l'extension '.LAB', dans la mémoire, dans une matrice de caractères, que nous avons notée par L.

Après le choix du labyrinthe, la commande de commencement du jeu devient active. Son actionnement détermine l'affichage du labyrinthe directement dans la propriété Canvas de la Form1. Tout comme dans le jeu *Les champignons*, on décodifiera le labyrinthe à l'aide des symboles utilisés ('#', '*', etc, à mentionner que ici l'espace représente aussi le manque de tout élément du labyrinthe, c'est-à-dire les endroits où on peut se déplacer le bonhomme).

Une fonction booléenne, appelée chaque fois après un déplacement du bonhomme, vérifiera si toutes les marchandises peuvent été assises à leur place, cas où le jeu finit. Il n'y a pas de restrictions de temps à ce jeu (nous proposons au lecteur de le réaliser), mais il est claire qu'il y a des situations où un déplacement erroné peut conduire à une situation impossiblement à résoudre. Un exemple serait le cas où un paquet de marchandise arrive dans un coin formé de deux murs diagonales et opposés.

Le déplacement du bonhomme se fera à l'aide des commandes reçues du clavier, en utilisant l'événement OnKeyDown. Une procédure spéciale réalisera le déplacement du bonhomme, qui pourrait être accompagné aussi par le déplacement en même sens de la marchandise.

Et maintenant voici la section implementation de l'unité :

```
implementation
{$R *.DFM}
var lat: Integer; sir: String;
var L: array[1..20,1..10] of Char;
    Xom,Yom: Integer;
    Loc: array[1..20] of record x,y: Integer end;
    NrLoc: Integer;
```

Le labyrinthe est donné par la matrice L. La variable `lat` contient la dimension du côté de chaque carré du labyrinthe, c'est-à-dire, de chaque cellule. `Xom`, `Yom` sont les coordonnées du bonhomme au cadre du labyrinthe, et le vecteur `lieu` (avec `NrLoc` composantes utilisées effectivement) représente une modalité de mémoriser les endroits destinés aux marchandises.

La procédure suivante dessine un rectangle coloré dans la couleur `c`, ayant le coin gauche en haut (`x1`, `y1`) et celui droite en bas (`x2`, `y2`). Le dessin se fait directement en `Form1.Canvas`.

```
procedure Bar(x1,y1,x2,y2,c: Integer);
var k: Integer;
begin
     with Form1.Canvas do
          begin
             Pen.Width:=1;
             Pen.Color:=c;
             for k:=0 to (x2-x1) div 2 do
                     Rectangle(x1+k,y1+k,x2-k,y2-k)
          end
end;
```

La procédure `Imprimer(i,j)` réalise l'affichage du contenu de la cellule sur la ligne `j` et la colonne `i` du labyrinthe.

```
procedure Imprimer(i,j: Integer);
begin
     case L[i,j] of
          '#': begin {zid}
                  Bar(lat*i+1,lat*j+1,
                      lat*(i+1)-1,lat*(j+1)-1, clGreen)
               end;
          '*': begin {marfa}
```

```
                Bar(lat*i+1,lat*j+1,lat*(i+1)-1,
                    lat*(j+1)-1,clBlue);
                Bar(lat*i+3,lat*j+3,lat*(i+1)-3,
                    lat*(j+1)-3,clAqua)
            end;
        '$': begin { perssonage }
                Bar(lat*i+1,lat*j+1,lat*(i+1)-1,
                    lat*(j+1)-1,clRed);
                Form1.Canvas.Pen.Color:=clWhite;
                Form1.Canvas.Ellipse(lat*i+3,lat*j+3,
                            lat*(i+1)-3, lat*(j+1)-3)
            end;
        ' ': begin {spatiu}
                Form1.Canvas.Pen.Width:=1;
                Form1.Canvas.Pen.Color:=clYellow;
                Form1.Canvas.Rectangle(lat*i+1,lat*j+1,
                            lat*(i+1)-1,lat*(j+1)-1)
            end
        end
    end;
end;
```

La procédure `AffichageLieu` est responsable de l'affichage des lieux de destination des marchandises, dont la procédure `Imprimer` ne s'occupe pas. C'est pourquoi, après avoir positionné un paquet de marchandise dans une celulle - destination au passage du bonhomme par ici, on ne doit plus afficher le cercle. La procédure `Imprimer` ne procéderait pas correctement.

Il y a deux variables d'affichage, données par le paramètre $p:Byte$. La première (avec $p=1$) s'utilise quand on déplace le petit bonhomme et on tient compte de notre observation qui fait référence au bonhomme qui arriverait par les points marqués comme destination. La deuxième variante (avec $p=0$) est utilisée quand on fait des dessins ou des re-dessins du labyrinthe.

```pascal
procedure AffichageLieu(p: Byte);
var i: Integer;
begin
    case p of
        1: for i:=1 to NrLoc do
                if (Abs(Loc[i].x-Xom)<2) and
                   (Abs(Loc[i].y-Yom)<2) and
                   (L[Loc[i].x,Loc[i].y] in [' ','$'])
                then
                    begin
                      Form1.Canvas.Pen.Color:=clBlue;
                      Form1.Canvas.Pen.Width:=2;
                      Form1.Canvas.Ellipse(lat*Loc[i].x+1,
                                  lat*Loc[i].y+1,
                                  lat*(Loc[i].x+1)-1,
                                  lat*(Loc[i].y+1)-1)
                    end;
        0: for i:=1 to NrLoc do
                if L[Loc[i].x,Loc[i].y]=' ' then
                    begin
                      Form1.Canvas.Pen.Color:=clBlue;
                      Form1.Canvas.Pen.Width:=2;
                      Form1.Canvas.Ellipse(lat*Loc[i].x+1,
                                  lat*Loc[i].y+1,
                                  lat*(Loc[i].x+1)-1,
                                  lat*(Loc[i].y+1)-1)
                    end
    end;
    for i:=1 to NrLoc do
        if L[Loc[i].x,Loc[i].y]='$' then
```

```
        Imprimer(Xom,Yom)
end;
```

Responsable du contrôle si toutes les cellules destination ont été occupées par les marchandises, est la fonction logique ci-dessous :

```
function LocuriOcupate: Boolean;
var Ocup,i: Integer;
begin
    Ocup:=0;
    for i:=1 to NrLoc do
        if L[Loc[i].x,Loc[i].y]='*' then
            Inc(Ocup);
    LocuriOcupate:=NrLoc=Ocup
end;
```

De cette manière, elle compte le nombre des éléments des coordonnées mémorisées dans le vecteur `Loc` (lieu), qui contiennent des marchandises. Le résultat est comparé à `NrLoc` (no.de lieu).

La procédure `LisLabyrinthe` (lis le labyrinthe) essaie d'ouvrir le fichier texte nommé `nume_fis`.

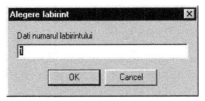

S'il n'existe pas un tel fichier (chose vérifiée par `IOResult`, tout comme dans l'application *La carte*), alors le jeu s'arrête. Mais s'il existe, par deux cycles `for` on lit l'information y déposée en ce qui concerne le labyrinthe. si on rencontre le symbole '$', alors on mémorise `Xom`, `Yom`. Si on rencontre le symbole '%', alors on mémorise dans le vecteur `Loc` (lieu) les coordonnées de ce lieu destination. À la fin, on fait appel à `AffichageLieu` pour afficher aussi ces lieux.

```
procedure LisLabyrinthe(nume_fis: String);
var F: TextFile; i,j: Integer;
begin
     NrLoc:=0;
     AssignFile(F,nume_fis); {$I-}Reset(F);{$I+}
     if IOResult<>0 then
        begin
          ShowMessage('Labyrinthe absent !');
          Application.Terminate
        end
     else
        begin
          for j:=1 to 10 do
             begin
               for i:=1 to 20 do
                  begin
                    Read(F,L[i,j]);
                    if L[i,j]='$' then
                       begin Xom:=i; Yom:=j end;
                    if L[i,j]='%' then
                       begin
                         Inc(NrLoc);
                         Loc[NrLoc].x:=i;
                         Loc[NrLoc].y:=j;
                         L[i,j]:=' '
                       end;
                    Imprimer(i,j)
                  end;
               ReadLn(F)
```

```
              end;
      CloseFile(F);
      AffichageLieu(0)
    end
end;
```

La procédure échange les valeurs de deux cellules du labyrinthe.

```
procedure Sch(x1,y1,x2,y2: Integer);
var aux: Char;
begin
    aux:=L[x1,y1];
    L[x1,y1]:=L[x2,y2];
    L[x2,y2]:=aux;
    Imprimer(x1,y1);
    Imprimer(x2,y2)
end;
```

La procédure suivante réalise effectivement des dessins nécessaires, tout comme les actualisations sur le contenu du labyrinthe (la matrice L), au cas où on exécute un déplacement du bonhomme de la position courante Xom, Yom, dans la nouvelle position. Le déplacement du bonhomme se fait sur l'axe OX, avec dx, et sur l'axe OY avec dy. Donc, les nouvelles coordonnées du bonhomme seront Xom+dx, Yom+dy. On verra que les valeurs de dx et dy peuvent être -1, 0 ou 1.

```
procedure DoMove(dx,dy: Integer);
begin
    if L[XOm+dx,YOm+dy]=' ' then
      begin
        Sch(Xom,Yom,XOm+dx,YOm+dy);
        Inc(Xom,dx); Inc(Yom,dy)
      end
    else
```

```
        if (L[Xom+dx,Yom+dy]='*') and
           (L[Xom+dx+dx,Yom+dy+dy]=' ') then
            begin
              Sch(Xom+dx+dx,Yom+dy+dy,Xom+dx,Yom+dy);
              Sch(Xom+dx,Yom+dy,Xom,Yom);
              Inc(Xom,dx); Inc(Yom,dy)
            end
end;
```

Les procédures suivantes s'expliquent seules.

procedure LoadAndDrawTheBoard;

```
var dx,dy: Integer;
begin
     dx:=Form1.ClientWidth div 22;
     dy:=Form1.ClientHeight div 12;
     if dx<dy then lat:=dx else lat:=dy;
     LisLabyrinthe(sir);
     L[Xom,Yom]:=' '; Imprimer(Xom,Yom);
     L[Xom,Yom]:='$'; Imprimer(Xom,Yom);
     AffichageLieu(0)
end;
```

procedure TForm1.Jouer1Click(Sender: TObject);

```
begin
     LoadAndDrawTheBoard;
     Form1.SetFocus
end;
```

procedure TForm1.FormCreate(Sender: TObject);

```
begin
     Form1.BorderStyle:=bsSingle;
     Jouer1.Enabled:=False; sir:='0';
     Form1.Caption:=' Transport de marchandises '
```

```
end;
procedure TForm1.Terminare1Click(Sender: TObject);
begin
     Application.Terminate
end;
procedure TForm1.SelectLab1Click(Sender: TObject);
begin
     sir:=InputBox(' Choix labyrinthe ',
                    'Le numéro de labyrinthe','1');
     sir:=sir+'.lab';
     Jouer1.Enabled:=True
end;
```

La procédure qui est à la base des déplacements exécutés par DoMove est donnée ci-dessous. On vérifié qu'on n'appuie aucune des touches froides Shift ou Ctrl, par l'intersection de leur nombre avec le nombre des touches de type TShiftState appuyées éventuellement.

Cet exemple peut être utilisé dans d'autres cas, en ayant ici une caractéristique purement didactique.

```
procedure TForm1.FormKeyDown(Sender: TObject;
                 var Key: Word; Shift: TShiftState);
begin
     if Shift*[ssAlt,ssCtrl]=[] then
        begin
          case Key of
               38: DoMove(0,-1);
               40: DoMove(0,+1);
               37: DoMove(-1,0);
               39: DoMove(+1,0)
          end;
          AffichageLieu(1);
```

```
      if (LocuriOcupate) and (sir<>'0') then
          ShowMessage(' Jeu terminé avec succès !')
    end
end;
```

Enfin, pour éviter les problèmes, de couverture de la fenêtre de notre application par d'autres fenêtres, il vaut mieux de réaliser la procédure FormPaint qui restaure le contenu du labyrinthe par leur réaffichage et des locations destination.

```
procedure TForm1.FormPaint(Sender: TObject);
var i,j: Integer;
begin
      for i:=1 to 20 do
          for j:=1 to 10 do
                Imprimer(i,j);
          AffichageLieu(0)
    end;
    end.
```

Si vous avez réussi d'élaborer cette application, alors nous vous proposons de créer un *Notepad* avec les six fichiers représentant les six labyrinthes de divers niveaux de difficulté et, si vous inventez vous-mêmes des labyrinthes plus difficiles, nous attendons vos propositions par courriel (e-mail).

Application 4
Les mouches – un jeu d'adresse et d'acuité visuelle

4.1. Présentation générale

Trois mouches (vivantes) apparaîtront sur notre forme, en trois positions differentes. En utilisant des cliques de la souris sur elles, nous essayerons de les écroser. Aprés quelque temps elle disparaîtront de l'écran. Si elles volent vivantes, notre pointage diminuera, et si elles disparaîtront mortes sur l'écran, notre pointage augmentera. Dans un ouvrage similaire nous avons présenté ce jeu (*Application en Visual Basic*, Teora, Bucarest, 1998).

Voici un exemple de déroulement de ce jeu. Deux mouches vivantes et la troisième est morte. Le pointage est 1, affiché en `Form1.Caption`.

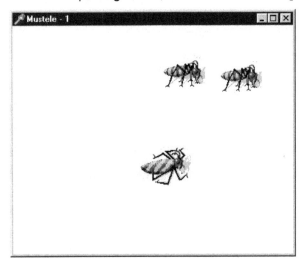

4.2. Le texte expliqué du programme

Premièrement nous projèterons notre application au cadre de la forme `Form1`, trois contrôles de type `TImage` et trois chronomètres y associés. Puis nous installerons un chronomètre `Timer4`, que nous utiliserons pour limiter la durée du jeu.

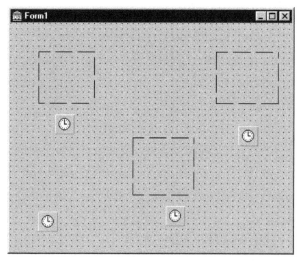

Pour réaliser l'application, nous devons réaliser deux dessins (fichiers '.bmp') symbolisant les deux hypostases dans lesquelles peut se trouver chacune des trois mouches:

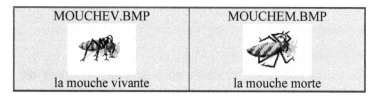

MOUCHEV.BMP	MOUCHEM.BMP
la mouche vivante	la mouche morte

Nous pouvons maintenant passer à écrire l'unité mustel.pas.

```
unit mustel;
interface
uses
    Windows, Messages, SysUtils, Classes, Graphics,
    Controls, Forms, Dialogs,
    StdCtrls, ExtCtrls;
type
    TForm1 = class(TForm)
        Image1: TImage; Image2: TImage;
```

```
    Image3: TImage; Timer1: TTimer;
    Timer2: TTimer; Timer3: TTimer;
    Timer4: TTimer;
    procedure FormCreate(Sender: TObject);
    procedure Timer1Timer(Sender: TObject);
    procedure Image1Click(Sender: TObject);
    procedure Image2Click(Sender: TObject);
    procedure Image3Click(Sender: TObject);
    procedure Timer2Timer(Sender: TObject);
    procedure Timer3Timer(Sender: TObject);
    procedure Timer4Timer(Sender: TObject);
  private
    { Private declarations }
  public
    { Public declarations }
  end;
var Form1: TForm1;
implementation
{$R *.DFM}
```

Nous utiliserons deux variables pour contrôler la durée de jeu, tout comme le pointage réalisé: le pointage augmente ou diminue et est affiché dans la forme `Form1.Caption`, par deux procédures, comme il suit:

```
var timp, pointage: Integer;
procedure PlusPointage;
var s: String;
begin
    Inc(pointage);
    Str(pointage,s);
    Form1.Caption:='Mouches - '+s
end;
```

```
procedure MoinsPointage;
var s: String;
begin
    Dec(pointage);
    Str(pointage,s);
    Form1.Caption:='Mouches - '+s
end;
```

La procédure `TForm1.FormCreate` s'occupe des initialisations du pointage, du temps du jeu, tout comme de l'intervalle d'apparition/disparition des mouches sur l'écran (en millisecondes).

```
procedure TForm1.FormCreate(Sender: TObject);
begin
    Form1.Color:=RGB(255,255,255);
    Form1.Caption:='Mustele - 0';
    Randomize; pointage:=0; timp:=60; {60 secunde}
    Image1.Tag:=0; Image2.Tag:=0; Image3.Tag:=0;
    Timer1.Interval:=Random(700)+700;
    Timer2.Interval:=Random(700)+700;
    Timer3.Interval:=Random(700)+700;
end;
```

On écrit à la suite les deux procédures pour chaque mouche qui présente ce qui lui peut arriver. De cette façon, le chronomètre s'occupe de l'apparition des mouches vivantes et la disparition des mouches vivantes ou mortes. Pour savoir dans quel état se trouve une mouche à un moment donné, nous utilisons la propriété `Tag` de la composante de type `TImage`. De cette façon, si `Tag=0`, cela signifie que la mouche ne se trouve pas sur l'écran, si `Tag=1`, cela signifie que la mouche est sur l'écran et elle est vivante, et si `Tag=2`, cela signifie que sur l'écran il y a une mouche morte. La procédure

`Timer1Timer` (et les autres similaires) s'assure qu'elle établit au hasard la position d'apparition de la mouche.

```
procedure TForm1.Timer1Timer(Sender: TObject);
begin
    case Image1.Tag of
        0: begin
                Image1.Tag:=1;
                Image1.Left:=10+
                    Random(Form1.ClientWidth-
                            Image1.Width-20);
                Image1.Top:=10+
                    Random(Form1.ClientHeight-
                            Image1.Height-20);
                Image1.Picture.LoadFromFile('mouchev.bmp');
                Image1.BringToFront
            end;
        1: begin
                Image1.Tag:=0;
                Image1.Picture:=nil;
                MoinsPointage
            end;
        2: begin
                Image1.Tag:=0;
                Image1.Picture:=nil
            end
    end
end;
```

Quand la mouche est heurtée, elle devient morte, si elle était vivante, le pointage aussi augmente avec une unité.

```
procedure TForm1.Image1Click(Sender: TObject);
begin
    if Image1.Tag=1 {musca vie} then
        begin
            Image1.Tag:=2; {musca devine moarta}
            Image1.Picture.LoadFromFile('mouchem.bmp');
            PlusPointage
        end
end;
```

Les procédures qui s'occupent des deux autres mouches sont similaires. Ce serait idéal de définir un vecteur de mouches (TImage) et de chronomètres (Timers), et cette chose peut se faire en Delphi d'une manière dynamique, tout comme nous le verrons dans l'application *Puzzle*.

```
procedure TForm1.Timer2Timer(Sender: TObject);
begin
  case Image2.Tag of
      0: begin
            Image2.Tag:=1;
            Image2.Left:=10+
                Random(Form1.ClientWidth-Image2.Width-20);
            Image2.Top:=10+
                Random(Form1.ClientHeight
                        -Image2.Height-20);
            Image2.Picture.LoadFromFile('mouchev.bmp');
            Image2.BringToFront
         end;
      1: begin
            Image2.Tag:=0;
            Image2.Picture:=nil;
            MoinsPointage
```

```
           end;
      2: begin
            Image2.Tag:=0;  Image2.Picture:=nil
         end;
   end
end;
procedure TForm1.Image2Click(Sender: TObject);
begin
      if Image2.Tag=1 then
         begin
            Image2.Tag:=2;
            Image2.Picture.LoadFromFile('mouchem.bmp');
            PlusPointage
         end
end;
procedure TForm1.Timer3Timer(Sender: TObject);
begin
   case Image3.Tag of
         0: begin
               Image3.Tag:=1;
               Image3.Left:=10+
                  Random(Form1.ClientWidth-Image3.Width-20);
               Image3.Top:=10+
                  Random(Form1.ClientHeight-Image3.Height
                  -20);
               Image3.Picture.LoadFromFile('mouchev.bmp');
               Image3.BringToFront
            end;
         1: begin
               Image3.Tag:=0;
```

```
          Image3.Picture:=nil;

          MoinsPointage

      end;

  2: begin

        Image3.Tag:=0;

        Image3.Picture:=nil

      end

  end

end;
```

procedure TForm1.Image3Click(Sender: TObject);

```
begin

    if Image3.Tag=1 then

      begin

        Image3.Tag:=2;

        Image3.Picture.LoadFromFile('mouchem.bmp');

        PlusPointage

      end

end;
```

Enfin, la dernière procédure s'occupe du passage du temps. Si la variable temps arrive d'être nulle, alors le chronomètre Timer4 s'arrête et le jeu aussi. De cette façon, elle diminue avec une unité à chaque seconde.

procedure TForm1.Timer4Timer(Sender: TObject);

```
begin

    if timp>0 then

      begin

        timp:=timp-1

      end

    else

        begin

          Timer1.Interval:=0; Timer2.Interval:=0;
```

```
        Timer3.Interval:=0; Timer4.Interval:=0;
        ShowMessage('Joc terminat');
        Application.Terminate
    end
end;
end.
```

Application 5
Puzzle – un jeu de perspicacité

5.1. Présentation générale

Nous désirons réaliser un jeu de puzzle, où nous disposons de n^2-1 pièces numérotées avec 1,2,3,.... n^2-1, disposés sous la forme d'une matrice carrée sur un tableau à n lignes et n colonnes. Un espace libre reste, où nous pouvons déplacer toute pièce de celles lui adjacentes (à gauche, à droite, en haut ou en bas).

Au début du programme on introduit dans une cassette `Edit1` le nombre n de pièces, puis les pièces se veulent (par déplacements possibles).

Le but du jeu est que, par déplacements possibles s'arrangent les pièces dans la matrice, dans l'ordre 1, 2, ..., n (sur la première ligne), n+1, n+2, ... sur la deuxième et ainsi de suite. Le coin de droite en bas restera libre.

Les déplacement possibles dans le cas ci-dessus sont : la pièce 11 en bas, la pièce 18 en haut, la pièce 8 à droite, la pièce 23 à gauche. Quand on déplace une pièce adjacente à l'espace libre, on réalise pratiquement un échange entre les deux carrés.

5.2. Le texte expliqué du programme

La forme de notre application montre ainsi:

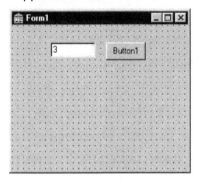

Nous passerons à la suite, à écrire le code associé à la forme. L'interface de l'unité `puzzle1.pas` montre classiquement de cette façon:

```
unit puzzle1;

interface

uses
   Windows, Messages, SysUtils, Classes, Graphics,
   Controls, Forms, Dialogs,
   StdCtrls;

type
   TForm1 = class(TForm)
     Edit1: TEdit;
     Button1: TButton;
     procedure Button1Click(Sender: TObject);
     procedure FormCreate(Sender: TObject);
   private
     procedure ClickBouton(Sender: TObject);
     { Private declarations }
```

```
public
  { Public declarations }
end;
var
  Form1: TForm1;
```

En ce qui concerne l'introduction de l'unite, nous allons déclarer un vecteur de boutons, c'est-à-dire la variable `Bouton` de type `array`, avec des composantes de type `TBouton`. Les éléments de ce vecteur seront générés et initialisés d'une manière dynamique, immédiatement après l'actionnement du bouton `Button1`.

Ensuite, les variables `ii` et `jj` sont la ligne et la colonne de la cassette libre `x`, c'est même l'indice de la cassette. Le nombre `n` est aussi le nombre des lignes et des colonnes, cest-à-dire il y a n^2 cassettes avec des boutons. Le numérotage des cassettes se fait de 0 a n^2 -1.

implementation

```
{$R *.DFM}
const MaxButoane = 121;
var   Bouton: array[0..MaxButoane-1] of TButton;
      ii,jj,n,x: Integer;
```

Quand on actionne le bouton `Bouton1`, s'il est un bouton d'arrêt (`Caption` = 'Stop'), alors s'arrête l'application. Mais si nous avons `Caption` = 'Start', cela veut dire que le jeu commence : on crée et on initialise des cassettes de la matrice (c'est-à-dire les éléments du vecteur `Bouton`). En principe, on doit retenir les lignes suivantes du programme :

```
Bouton[k]:=TButton.Create(Form1);
Bouton[k].Parent:=Form1;
```

Pour déterminer l'indice de la cellule (cassette) sur la ligne `i` et la colonne `j`, nous utilisons la formule : `k:=n*i+j;`.

OnClick détermine ce qui se passe quand on appuie sur un bouton du tableau. C'est pourquoi, nous devons écrire quelque chose de genre :

```
Bouton[k].OnClick := ClickBouton
```

puis décrire plus tard la procédure ClickBouton.

```
procedure TForm1.Button1Click(Sender: TObject);
var i,j,k,c,lat: Integer; s: String;
begin
    if Button1.Caption='Stop' then
        Application.Terminate
    else
        begin
          Val(Edit1.Text,n,c);
          Button1.Caption:='Stop';
          lat:=Width div (n+2);
          for i:=0 to n-1 do
              for j:=0 to n-1 do
                  begin
                      k:=n*i+j;
                      Bouton[k]:=TButton.Create(Form1);
                      Bouton[k].Parent:=Form1;
                      Str(k+1,s);
                      Bouton[k].Left:=lat+lat*j;
                      Bouton[k].Top:=100+lat*i;
                      Bouton[k].Width:=lat;
                      Bouton[k].Height:=lat;
                      Bouton[k].Caption:=s;
                      Bouton[k].Show;
                      Bouton[k].OnClick:=ClickBouton
                  end;
          x:=n*n-1; {cellule libre}
```

```
Bouton[x].Caption:=''; {Caption vide}
ii:=n; jj:=n; {indice de la cellule libre}
{mélange des images}
Bouton[n*n-2].Click;
Bouton[n*n-3].Click;
Randomize;
for i:=1 to 2000*n do
    begin
        k:=Random(n*n);
        Bouton[k].Click
    end
end
end;
```

La procédure suivante contient certaines initialisations de la forme :

```
procedure TForm1.FormCreate(Sender: TObject);
begin
    Caption:='Puzzle avec des images';
    Height:=400; Width:=300;
    Button1.Caption:='Start'
end;
```

Donc, nous décrivons la procédure ClickBouton, qui vérifié premièrement qui est l'émetteur, c'est-à-dire quelle valeur à l'argument Sender, ce qui signifie qu'on détermine l'indice du bouton actionné.

On détermine puis la ligne et la colonne du bouton sur lequel on a appuyé avec la souris mémorisées dans i1 et j1. Si ce bouton est au voisinage du bouton correspondant à la cassette libre (donné par ii et jj), alors on inter-échange les propriétés Caption des deux boutons entre eux. On actualise, aussi les valeurs de x, ii et jj. Puis, en utilisant la variable booléenne ok, on vérifie si tous les boutons sont à leur place, et si oui, ok prend la valeur True et le jeu s'arrête.

```
procedure TForm1.ClickBouton(Sender: TObject);
var k,i,i1,j1: Integer; ok: Boolean; s: String;
begin
     for i:=0 to n*n-1 do
         if Bouton[i]=Sender then
             k:=i;
     i1:=k div n + 1; j1:=k mod n + 1;
     if ((ii=i1) and (abs(jj-j1)=1)) or
        ((jj=j1) and (abs(ii-i1)=1)) then
        begin
           Bouton[x].Caption:=Bouton[k].Caption;
           Bouton[k].Caption:='';
           x:=k;
           ii:=i1; jj:=j1;
           ok:=True;
           for i:=0 to n*n-1 do
               begin
                  Str(i+1,s);
                  if (Bouton[i].Caption<>'') and
                     (Bouton[i].Caption<>s) then ok:=False
               end;
           if ok then
              begin
                 ShowMessage('Bravo! '+
                          'Vous avez résolu le puzzle !');
                 Application.Terminate
              end
        end
end;
end.
```

Dans l'ouvrage *Application en Visual Basic* nous avons présenté aussi une variante de ce programme qui utilise des images qui doivent être refaites.

Applications 6
Surface – la représentation graphique des surfaces

6.1. Présentation générale

L'application Delphi qui suit représentera d'une manière graphique une surface, dans une projection bidimensionnelle de l'espace tridimensionnel. La surface sera donnée par une équation, dans laquelle la côte est d'abscisse et ordonnée : `z=f(x,y)`.

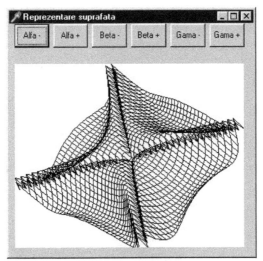

L'expression de la fonction qui sera représentée est écrite *dans le texte du programme*, et dans le cas de la figure antérieure elle est :

```
function f(x,y: real): real;
begin
    f:=sin(sqrt(abs(x*x-y*y)))
end;
```

La représentation graphique de cette fonction sera une surface qui peut être vue d'un point d'observation qui dépend des trois angles (`alpha`, `beta`, `gamma`) correspondants aux trois axes de coordonnées. Les six boutons qui peuvent être vus dans la figure antérieure seront utilisés pour la modification par réduction ou addiction de ces trois angles.

Tout comme on peut observer aussi dans la figure, la représentation graphique sera faite par un réseau discret de courbes qui se croisent en certains points.

Pour qu'une autre fonction puisse être représentée, il faudrait que le texte source du programme soit réécrit, c'est-à-dire réécrire la fonction f, qui a été présentée antérieurement. Cela signifie que l'application peut fonctionner comme fichier exécutable, étant dépendante soit du texte source du programme, soit de l'environnement Delphi.

Ce serait idéal d'ajouter au programme un évaluateur d'expressions à deux variables, qui, en plus, vérifie la exactitude syntaxique d'une expression algébrique.

Une variante d'évaluateur mathématique et d'analyseur syntaxique pour une expression algébrique à une seule variante a été présentée dans mon ouvrage *Apprenez le langage Pascal en 12 leçons*.

Nous proposons au lecteur, à partir de ces procédures-la, valables pour les courbes, de réaliser des procédures similaires pour des surfaces, de sorte que l'application *Surface* soit plus utile encore et indépendante de l'environnement Delphi, après la compilation et la création du fichier exécutable.

6.2. Le texte expliqué du programme

L'unité de base de ce programme a la section d'interface suivante :

```
unit surface1;
interface
uses
  Windows, Messages, SysUtils, Classes, Graphics,
  Controls, Forms, Dialogs, ExtCtrls, Menus,
  StdCtrls;
type
  TForm1 = class(TForm)
```

```
Image1: TImage;
Button1: TButton;
Button2: TButton;
Button3: TButton;
Button4: TButton;
Button5: TButton;
Button6: TButton;
procedure Button1Click(Sender: TObject);
procedure Button2Click(Sender: TObject);
procedure Button3Click(Sender: TObject);
procedure Button4Click(Sender: TObject);
procedure Button5Click(Sender: TObject);
procedure Button6Click(Sender: TObject);
procedure FormCreate(Sender: TObject);
private
  { Private declarations }
public
  { Public declarations }
end;
var
  Form1: TForm1;
```

Alors, la forme de l'application a une image Image1 et six boutons à la partie du dessus, avec les propriétés Caption tout comme on voit dans la figure suivante.

Suit la description des procédures qui agissent sur cette forme, au cadre de la section d'implémentation de l'unité. La procédure principale RepresentationSurface (représentation de la surface) se base sur un résultat théorique et un programme présentés dans l'ouvrage *Limbajul Turbo Pascal* (*Le langage Turbo Pascal* (voir la bibliographie).

84

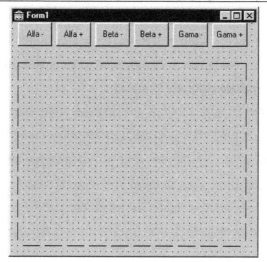

Suit la description des procédures qui agissent sur cette forme, au cadre de la section d'implémentation de l'unité. La procédure principale `RepresentationSurface` (représentation de la surface) se base sur un résultat théorique et un programme présentés dans l'ouvrage *Limbajul Turbo Pascal* (*Le langage Turbo Pascal* (voir la bibliographie).

Les constantes et les variables utilisées dans le programme sont les suivantes :

```
implementation
{$R *.DFM}
const nx=40; ny=40; pas=5;
     a=-6; b=6; c=-6; d=6;
var dy: Integer;
   x,y,z,ux,uy: Real;
   xmin,xmax,ymin,ymax: Real;
   xx,yy: array[1..nx,1..ny] of Real; {réseau}
   alfa,beta,gama: Integer; {angles exprimés en degrés}
   al,be,ga: Real; { angles exprimés en radians }
   c1,c2,c3,s1,s2,s3: Real; { cosinus et sinus des
angles }
```

De cette façon, nx est le nombre de points du réseau de représentation utilisés sur l'axe OX, ny, c'est le nombre de points du même réseau, utilisé sur l'axe OY, et pas est le pas avec lequel on modifie chacun des trois angles utilisés dans la représentation de la surface.

Les variables x, y, z sont les coordonnées courantes d'un point sur la surface, et ux et uy sont les unités de représentation sur les deux axes OX et OY. La fonction sera représente pour x en prenant des valeurs dans l'intervalle [a, b], et pour y en prenant des valeurs dans l'intervalle [c,d]. Le réseau des points de représentation est mémorisé par les vecteurs xx et yy.

L'expression de la surface este inscrite dans la fonction :

```
function f(x,y: real): real;
begin
    f:=sin(sqrt(abs(x*x-y*y)))
end;
```

Une fonction particulière permet l'utilisation des angles exprimés en radians (tel qu'on l'utilise pour les fonctions trigonométriques).

```
function radiani(u: integer): real;
begin
    radiani:=u/180*pi
end;
```

Suit la procédure de représentation de la surface:

```
procedure RepresentationSurface;
var i,j: Byte;
begin
  {tourner les angles en radians
  et calculé leurs cosinus et sinus}
  al:=radiani(alfa); c1:=cos(al); s1:=sin(al);
  be:=radiani(beta); c2:=cos(be); s2:=sin(be);
  ga:=radiani(gama); c3:=cos(ga); s3:=sin(ga);
```

```
{se determina unitatea de masura pe Ox si pe Oy}
ux:=abs(b-a)/(nx-1); uy:=abs(d-c)/(ny-1);
{se determina valorile minime si maxime pentru
    xx si yy}
x:=a; y:=c; z:=f(x,y);
xx[1,1]:=x*c1+y*c2+z*c3;
yy[1,1]:=x*s1+y*s2+z*s3;
xmin:=xx[1,1]; xmax:=xmin;
ymin:=yy[1,1]; ymax:=ymin;
for i:=1 to nx do
  begin
    y:=c;
    for j:=1 to ny do
      begin
        {taux est fonction de
          les deux autres coordonnées}
        z:=f(x,y);
        {Déterminer les deux points de projection}
        xx[i,j]:=x*c1+y*c2+z*c3;
        yy[i,j]:=x*s1+y*s2+z*s3;
        if xmin>xx[i,j] then
            xmin:=xx[i,j]
        else
            if xmax<xx[i,j] then
                xmax:=xx[i,j];
        if ymin>yy[i,j] then
            ymin:=yy[i,j]
        else
            if ymax<yy[i,j] then
                ymax:=yy[i,j];
```

```
          y:=y+uy
      end;
    x:=x+ux
  end;
{déterminer l'unité de la représentation pour Ox et Oy}
  ux:=(xmax-xmin)/Form1.Image1.Width;
  uy:=(ymax-ymin)/Form1.Image1.Height;
  dy:=Form1.Image1.Height;
  Form1.Image1.Picture:=nil;
  {dessiner des courbes sur l'axe Ox}
  for i:=1 to nx do
   begin
     Form1.Image1.Canvas.MoveTo(Round((xx[i,1]-
            xmin)/ux), dy-Round((yy[i,1]-ymin)/uy));
     for j:=2 to ny do
      Form1.Image1.Canvas.LineTo(Round((xx[i,j]
         -xmin)/ux), dy-Round((yy[i,j]-ymin)/(uy)))
   end;
  {se deseneaza curbele pe axa Oy}
  for j:=1 to ny do
   begin
     Form1.Image1.Canvas.MoveTo(Round((xx[1,j]-
            xmin)/ux), dy-Round((yy[1,j]-ymin)/uy));
     for i:=1 to nx do
      Form1.Image1.Canvas.LineTo(Round((xx[i,j]-
            xmin)/ux), dy-Round((yy[i,j]-ymin)/uy))
   end;
end;
```

Pour ce qui est de la procédure précédente, on a mis dans le boîte les formules qui sont à la base de la représentation de la projection du point

P(x, y, z) de l'espace tridimensionnel dans le plan de l'écram, dans le point Q(xx[i], yy[i]).

Les six procédures suivantes correspondent aux six boutons et consistent dans la modification avec la valeur pas des valeurs des angles alfa, beta et gama et à la nouvelle représentation de la surface.

```
procedure TForm1.Button1Click(Sender: TObject);
begin
      alfa:=alfa-pas;
      RepresentationSurface
end;
procedure TForm1.Button2Click(Sender: TObject);
begin
      alfa:=alfa+pas;
      RepresentationSurface
end;
procedure TForm1.Button3Click(Sender: TObject);
begin
      beta:=beta-pas;
      RepresentationSurface
end;
procedure TForm1.Button4Click(Sender: TObject);
begin
      beta:=beta+pas;
      RepresentationSurface
end;
procedure TForm1.Button5Click(Sender: TObject);
begin
      gama:=gama-pas;
      RepresentationSurface
end;
```

```
procedure TForm1.Button6Click(Sender: TObject);
begin
    gama:=gama+pas;
    RepresentationSurface
end;
```

La création de la forme suppose une initialisation des trois angles et aussi une première représentation de la surface. Le programme est fini (réalisé).

```
procedure TForm1.FormCreate(Sender: TObject);
begin
    alfa:=165; beta:=-135; gama:=135;
    Caption:='Représentation de la surface ';
    RepresentationSurface
end;
end.
```

Application 7
Test à choix multiple – vérifiez vos connaissances de culture générale

7.1. Présentation générale

Dans de différentes situations les tests test à choix multiple sont nécessaires; des examens pour obtenir le permis de conduire, examens d'admission, des concours, des tests dans le domaine de la psychologie. Les élèves de la terminale qui doivent réaliser une épreuve pratique pour obtenir l'attestation en informatique choisissent souvent un théme de ce genre.

Généralement, un test à choix multiple consiste dans une série de questions à choix multiples de réponse, d'où celui qui est testé doit choisir zéro, une ou plusieurs réponses (en fonction du type de texte).

Il vaut mieux que les questions soient difficiles et que les réponses sugggérées soient pareilles entre elles, pour induire en erreur la personne vérifiée.

De cette façon, c'est quelqu'un de très bien préparé qui puisse résodre les problèmes du test.

Le programme que nous allons présenter dans ce chapitre réalise une application Delphi à l'aide de laquelle on peut lire des questions et les variantes de réponses correspondantes d'un fichier test. Dans notre exemple, les fichiers sont appelés 'test1.txt' mais nous suggérons au lecteur de modifier le programme de sorte que l'utilisateur puisse choisir de plusieurs fichiers à tests, stockés sur le disque.

Le fichiers de verification sont des fichiers texte, ils peuvent être crées avec tout éditeur de texte simple comme *Notepad*. Les fichiers de vérification ont une structure simple : sur la première ligne est la première question, puis suit les noms d'un fichier avec une image (de type bitmap, avec l'extension 'bmp'). Enfin, chaque question a quatre variantes de réponses, de sorte que dans le fichier, les quatre lignes suivantes contiennent quatre variantes de réponse, où la variante ou les variantes correcte (s) (si elles existent) sont précedées par le symbole astérisque ('*').

Puis, après avoir écrit toutes ces informations au sujet de la première question, on procède d'une façon similaire avec la deuxième question et ainsi de suite. Tout comme observe, à chaque question on peut attacher une image qui sera affichèe à côté de la question. Si une question n'a pas besoin d'une image associee, alors dans la ligne qui devrait figurer le nom du fichier bitmap sera écrit le symbole '#'.

Par exemple, le fichier que nous avons utilisé dans la vérification de la fonctionnalité du programme est le suivant.

Le fichier 'test1.txt':

```
Dans   quelle   ville   de   la   Transylvanie   se   trouve   cette
église?
Sfmiha.bmp
Brasov
*Cluj-Napoca
Oradea
Timisoara
La  quelle  des  villes  mentionnées  ci=dessous  se  trouvent
en Moldavie ?
#
*Bacau
Ploiesti
*Iasi
Arad
```

Vous observez que notre fichier a seulement deux questions de géographie administrative. La première question est suivie d'un fichier 'sfmiha.bmp' avec une image de l'église (la Cathédrale Catholique) « Saint Michel » de Cluj-Napoca. Le contenu du fichier 'sfmiha.bmp' est le suivant :

Evidemment, la deuxième réponse seulement est correcte, alors elle a été précédée par un astérisque '*Cluj-Napoca'.

La deuxième question suit, qui n'ayant associé aucune question image, a le symbole ('#') sur la ligne correspondante. Puis il y a quatre variantes de réponse, dont Bacau et Iaşi sont des villes du la Moldovie.

Voilà comment montrera notre application pendant l'exécution, quand la première question est adressée :

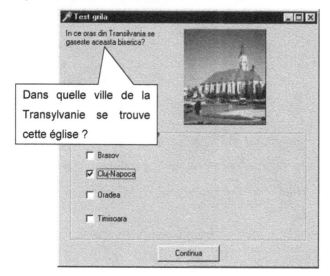

Evidemment, au début il n'y aura aucune réponse marquée d'une telle ou telle façon. La réponse 'Cluj-Napoca', est correcte et nous l'avons marquée, puis il faut appuyer sur le bouton 'Continue' pour passer à la question suivante ou pour arrêter le programme. La question suivante lue du fichier va déterminer la modification du contenu de la forme, de sorte que ce qui se voit dans la figure suivante nous sera affiché (sans les marques des réponses correctes).

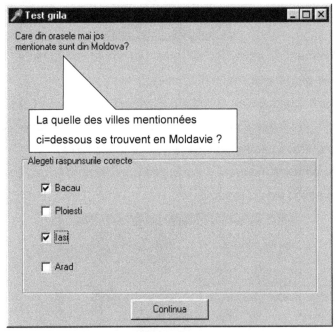

Dans ce moment, si on appuie le bouton 'Continue', alors le programme se finira et sera affiché le pointage obtenu à examiner, c'est-à-dire le nombre des réponses auxquelles on a bien répondu.

7.2. Le texte expliqué du programme

L'unité de l'application, nommé 'testgrila1.pas' a la section suivante d'interface:

```
unit testgrila1;

interface

uses
  Windows, Messages, SysUtils, Classes, Graphics,
  Controls, Forms, Dialogs, ExtCtrls, StdCtrls;
type
  TForm1 = class(TForm)
    GroupBox1: TGroupBox;
    CheckBox1: TCheckBox;
    CheckBox2: TCheckBox;
    CheckBox3: TCheckBox;
    CheckBox4: TCheckBox;
    Image1: TImage;
    Label1: TLabel;
    Button1: TButton;
    procedure FormCreate(Sender: TObject);
    procedure Button1Click(Sender: TObject);
  private
    { Private declarations }
  public
    { Public declarations }
  end;
var
  Form1: TForm1;
```

Alors, nous avons à faire avec une forme Form1, où sont emplacés les contrôles suivants :

- étiquette Label1, qui contiendra dans sa propriété Caption le texte de la question courante;

- quatre boîtes de type `TCheckBox`, qui contiendront dans leurs propriétés `Caption` les textes des quatre variantes de réponse, associées aux questions courantes; nous proposons au lecteur de modifier l'application de sorte que le nombre des variables de réponse puisse varrier d'une question à l'autre et les contrôles de type `TCheckBox` soient générés dynamiquement, toute comme on l'a réalisé dans l'application de jeu de Puzzle.

- l'image associée à la question courante, si elle existe, est visualisée dans le contrôle `Image1`.

- Le bouton par lequel on commence ou on continue de programme est `Button1`. Nous avons groupé les quatre cases de type `TCheckBox` au cadre d'un contrôle de type `TGroupBox`. La forme de l'application pendant la projection montre de cette façon :

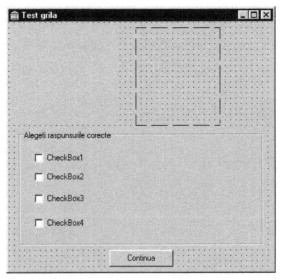

Dans la section implementation de l'unité sont déclarées les variables suivantes :

- `pointage` – pour mémoriser le nombre de questions auxquelles l'utilisateur a répondu correctement;

96

- correct – vecteur de valeurs logiques, qui indique les réponses correctes et celles incorrectes à la question courante;

- f – le fichier texte qui contient le test à choix multiple.

implementation

```
{$R *.DFM}
var pointage: Integer;
    correct: array[1..4] of Boolean;
    f: TextFile;
```

Initialement, nous allons établir la propriéte Visible de GroupBox1 à la valeur False, ce qui détermine que tous ses éléments soient eux aussi invisibles. Le pointage sera -1, pour que, en appuyant le bouton Button1, il devienne zéro (0). C'est toujours à la misè en exécution aussi, qu'on ouvre le fichier 'test1.txt' pour la lecture.

```
procedure TForm1.FormCreate(Sender: TObject);
var i: Byte;
begin
    AssignFile(f,'test1.txt'); Reset(f);
    Image1.Stretch:=True;
    GroupBox1.Visible:=False;
    pointage:=-1
end;
```

En appuyant le bouton, on vérifie si les réponses choisies par l'utilisateur (dont manquées) coincident à celles considérées correctes (c'est-à-dire celles marquées par '*' dans le fichier f). Si oui, alors le pointage augmente d'une unité. Alors, si on n'est pas arrivé à la fin du fichier f, cela signifie qu'il y a encore une question. C'est pourquoi, nous devons réséter tous les marques des contrôles de type TCheckBox. Enfin, on lit les données courantes du fichier avec le test à choix multiple et on les travaille.

Nous avons encadré les deux séquences d'instructions qui se réfère à la lecture et à l'affichage de l'image associée à la question, respectivement aux réponses correctes ou non de la question courante.

```
procedure TForm1.Button1Click(Sender: TObject);
var question: String;
    une_image: String;
    reponse: array[1..4] of String;
    i: Byte; toutcorrect: Boolean;
    s: String;
begin
    GroupBox1.Visible:=True;
    toutcorrect:=True;
{se compara primul raspuns ales cu cel din fisier}
    if (correct[1] and (not CheckBox1.Checked)) or
        ((not correct[1]) and CheckBox1.Checked) then
        toutcorrect:=False;
{la fel se procedeaza si cu restul raspunsurilor}
    if (correct[2] and (not CheckBox2.Checked)) or
        ((not correct[2]) and CheckBox2.Checked) then
        toutcorrect:=False;
    if (correct[3] and (not CheckBox3.Checked)) or
        ((not correct[3]) and CheckBox3.Checked) then
        toutcorrect:=False;
    if (correct[4] and (not CheckBox4.Checked)) or
        ((not correct[4]) and CheckBox4.Checked) then
        toutcorrect:=False;
    if toutcorrect then Inc(pointage);
    if not eof(f) then
        begin
            CheckBox1.State:=cbUnchecked;
```

```
      CheckBox2.State:=cbUnchecked;
      CheckBox3.State:=cbUnchecked;
      CheckBox4.State:=cbUnchecked;
      ReadLn(f,question);
      Label1.Caption:=question;
      ReadLn(f,une_image);
      if une_image<>'#' then
   Form1.Image1.Picture.LoadFromFile(une_image)
      else
          Form1.Image1.Picture:=nil;
      for i:=1 to 4 do
         begin
            ReadLn(f,reponse[i]);
            if reponse[i][1]='*' then
               begin
                  correct[i]:=True;
                  reponse[i]:=Copy(reponse[i],2,
                     Length(reponse[i])-1)
               end
            else
               correct[i]:=False
         end;
      CheckBox1.Caption:=reponse[1];
      CheckBox2.Caption:=reponse[2];
      CheckBox3.Caption:=reponse[3];
      CheckBox4.Caption:=reponse[4]
   end
else
    {aplicatia s-a terminat}
    begin
```

```
            CloseFile(f);
            Str(pointage,s);
            ShowMessage('Vous avez ' + s + ' points.');
            Application.Terminate
        end
end;
end.
```

BIBLIOGRAPHIE

1. Pătruț, Bogdan – *Aplicații în Delphi*, Édition Teora, Bucarest, 2001

2. Pătruț, Bogdan – *Aplicații în Visual Basic*, Édition Teora, Bucarest, 1998

3. Pătruț, Bogdan – *Învățați limbajul Pascal în 12 lecții*, Édition Teora, Bucarest, 1997

4. Sándor Kovács – Delphi 3.0 – Ghid de utilizare, Édition Albastră, Cluj-Napoca, 2000

3. Mihai Olteanu – Programare avansată în Delphi, Édition Albastră, Cluj-Napoca, 1999

ÉDITIONS
UNIVERSITAIRES
EUROPÉENNES

Une maison d'édition scientifique

vous propose

la publication gratuite

de vos articles, de vos travaux de fin d'études, de vos mémoires de master, de vos thèses ainsi que de vos monographies scientifiques.

Vous êtes l'auteur d'une thèse exigeante sur le plan du contenu comme de la forme et vous êtes intéressé par l'édition rémunérée de vos travaux? Alors envoyez-nous un email avec quelques informations sur vous et vos recherches à: info@editions-ue.com.

Notre service d'édition vous contactera dans les plus brefs délais.

Éditions universitaires européennes
est une marque déposée de
Südwestdeutscher Verlag für
Hochschulschriften GmbH & Co. KG
Dudweiler Landstraße 99
66123 Sarrebruck
Allemagne

Téléphone : +49 (0) 681 37 20 271-1
Fax : +49 (0) 681 37 20 271-0
Email : info[at]editions-ue.com
www.editions-ue.com